广东省哲学社会科学规划项目（GD18XYJ11）阶段性研究成果

科技型小微企业成长机制研究
——广州视角

KEJIXING XIAOWEIQIYE CHENGZHANG JIZHI YANJIU
— GUANGZHOU SHIJIAO

陈　芸　著

中国财经出版传媒集团

经济科学出版社
Economic Science Press

图书在版编目（CIP）数据

科技型小微企业成长机制研究：广州视角/陈芸著
—北京：经济科学出版社，2020.12
ISBN 978-7-5218-2186-4

Ⅰ.①科… Ⅱ.①陈… Ⅲ.①高技术企业-中小企业-企业成长-研究-广州 Ⅳ.①F276.44

中国版本图书馆 CIP 数据核字（2020）第 248126 号

责任编辑：杜 鹏 郭 威
责任校对：徐 昕
责任印制：王世伟

科技型小微企业成长机制研究
——广州视角
陈芸 著
经济科学出版社出版、发行 新华书店经销
社址：北京市海淀区阜成路甲 28 号 邮编：100142
编辑部电话：010-88191449 发行部电话：010-88191522
网址：www.esp.com.cn
电子邮箱：esp@esp.com.cn
天猫网店：经济科学出版社旗舰店
网址：http://jjkxcbs.tmall.com
固安华明印业有限公司印装
710×1000 16 开 13.5 印张 210000 字
2021 年 1 月第 1 版 2021 年 1 月第 1 次印刷
ISBN 978-7-5218-2186-4 定价：68.00 元
（图书出现印装问题，本社负责调换。电话：010-88191510）

前　言

党的十八届五中全会提出的五大发展理念中，“创新发展”居于首要地位。《中共中央关于制定国民经济和社会发展第十三个五年规划的建议》指出：“必须把创新摆在国家发展全局的核心位置，不断推进理论创新、制度创新、科技创新、文化创新等各方面创新，让创新贯穿党和国家一切工作，让创新在全社会蔚然成风。”可见以创新带动整体发展的战略方针，对我国全面建成小康社会起到重要的促进作用。科技型小微企业以科技创新为主要发展方向，在实行创新带动整体发展的战略中发挥着重要的作用。大力发展科技型小微企业不仅有利于我国科技进步，还有利于新增就业岗位、优化就业结构和解决就业难的问题，大力发展科技型小微企业具有重要的经济和社会意义。广州市作为国家中心城市、国际商贸中心、首批沿海开放城市，是粤港澳大湾区、泛珠江三角洲经济区的核心城市，近几年涌现出大批科技型小微企业。科技型小微企业在促进广州经济发展方面扮演着越来越重要的角色，了解广州市科技型小微企业的成长现状以及面临的发展困境极其重要。

本书立足广州市，从发展规模、区域及行业分布、融资情况、技术创新、人力资源和政府扶持等角度，分析广州市科技型小微企业的发展现状，研究指出近年来广州市科技型小微企业的诞生率有所提高、科技创新载体建设力度有所加强、科技服务力度不断增强。但同时广州市科技型小微企业存在科技创新投入不足、承担风险的能力有限、产学研合作效果不佳、创新人才缺乏、社会化服务体系不够健全、融资结构不尽合理和政策体系不够系统等问题。在明确了广州市科技型小微企业发展现状和困境的基础上，书中剖析了影响广州市科技型小微企业成长的要素。研究表明，广州市科技型小微企业具有特殊的成长模式，而且在成长过程中可能遭受着高风险，能否实现持续快速成长，取决于多种因素的共同作用，这不仅有来自企业内部因素的作用，还受到外部环境因素的影响。书中将决定广州市科技型小微企业成长的内生成长机制构成要素，归纳为企业管理者的素质、技术创新、人力资源、企业融资能力、产品转化力、企业的治理结构和企业文化七个方面；将广州市科技型小微企业外生成长机制构成要素，归纳为政策法律环境、投融资环境、区域创新平台化、企业集群、企业成长阶段和社会服务体系及基础设施的建设六个方面。书中进而构建了广州市科技型小微企业的成长机制，并提出促进广州市科技型小微企业实现持续成长的途径，包括内生要素相互促进和外生要素形成合力，共同完善和优化广州市科技型小微企业的成长机制。广州市科技型小微企业可以据此进行自我剖析，克服成长中的困境，突破成长中的瓶颈，建立完善的成长机制，最终实现企业的持续健康成长，政府部门、金融机构、中介服务机构和投资机构等也可以据此进行分析决策。

陈　芸

2020 年 6 月

Contents

目录

第一章
概　述

第一节　研究背景

早在2012年，党的十八大报告确切指出，实施创新驱动发展战略在中国是必须且紧迫的，要深入科技改革，使创新资源得到高效配置；在党的十九大报告中，习近平总书记更是指出创新引领发展，要注重国家创新体系的建设，战略科技力量必须加以强化，建设科技强国。随着国家针对小微企业一系列优惠政策的出台，社会涌现出一波又一波的创新创业潮，初创企业的数量呈现爆发式的增长，科技是第一生产力，创新是一个国家的灵魂。随着政府大力扶持科技型小微企业的发展，科技型小微企业的占比也越来越大。科技型小微企业成为我国技术创新中不可或缺的一部分，它的蓬勃发展，不但提升了我国的创新能力，激发区域经济发展的新动力，而且增加了就业岗位，在一定程度上缓解了就业难的困境。科技型小微企业具有发展潜力大、覆盖面广、提供就业岗位多等优点，如今已成为我国经济发展的重要支撑力量，在促进产业结构升级和培育创新型战略性新兴产业中起到至关重要的作用。那么在当前的形势下，科技型小微企业在成长过程中是否会因为规模小而发展受限，政府如何为科技型小微企业保驾护航，科技型小微企业的成长机制如何优化，必然成为各方关注的焦点。

广州市是国际商贸中心、国家中心城市，是恒久繁荣不息的海上丝绸之路东方起源地，有着得天独厚的政策环境、投资环境以及技术创新环境，在这样的优势下，广州市科技型小微企业的发展现状如何？是否也存在成长困境？如此研究背景下广州市科技型小微企业的成长机制如何构建和优化，正是本书研究的关键所在，为此，本书从内生要素和外生要素两个方面来剖析影响其成长的因素。基于内生要素和外生要素的分析，本书进而构建广州市科技型小微企业的成长机制模型，提出了优化广州市科技型小微企业成长机制的建议，以期为有效引导广州市科技型小微企业的健康成长提供借鉴。

第二节　概念界定及特点

科技型小微企业在发展过程中普遍存在着融资困难、创新投入不足、创新人才缺乏等问题，严重影响科技型小微企业的成长，研究科技型小微企业的成长影响因素和机制有助于解决这一问题。研究科技型小微企业的成长首先要对科技型小微企业的含义进行界定，只有有效界定科技型小微企业的含义，才能明确研究对象，进而客观地分析科技型小微企业的成长现状。

一、企业的界定

在 2018 年 10 月 26 日修订的《中华人民共和国公司法》中第二条有这样的描述："本法所称公司是指依照本法在中国境内设立的有限责任公司和股份有限公司。"在 2007 年 3 月 16 日通过的《中华人民共和国企业所得税法》中第一条有这样的描述："在中华人民共和国境内，企业和其他取得收入的组织（以下统称企业）为企业所得税的纳税人，依照本法的规定缴纳企业所得税。个人独资企业、合伙企业不适用本法。"可见，在法律条文中，公司仅仅指有限责任公司和股份有限公司，而不包含个人独资企业和合伙企业。

企业一词在《现代汉语词典》中的解释为：从事生产、运输、贸易等经济活动的部门，如工厂、矿山、铁路、公司等。由此可见，《现代汉语词典》中解释的企业范畴更为广泛，既包括有限责任公司和股份有限公司，也包括个人独资企业和合伙企业。企业首先是一种社会组织；其次是能够给社会提供服务或产品，从事经济活动；最后企业是以盈利为目的。关于企业本质的探讨，1937 年，美国经济学家科斯发表的《企业的本质》一文被认为是对这一问题进行探讨的开端。在此之前，关于企业本质的探讨一直被传统的微观经济学理论研究所忽略。在传统的微观经济学理论中，厂商的生产过程被看成一个“黑匣子”，即企业被抽象成一个由投入到产出，追求利润最大化的“黑匣子”。现代经济学理论认为，企业本质上是“一种资源配置的机制”，能够降低整个社会的“交易成本”，实现整个社会经济资源的优化配置。

二、小微企业的界定

从 20 世纪开始至今，我国对中小企业的界定共进行了七次调整，主要采取了定量的划分标准，前面六次都没有单独划分微型企业，微型企业的提法到第七次调整时才被单独划分出来。七次调整中，具体划分标准如下：第一次，以职工人数为标准，500 人以下为小企业，500 ~ 3 000 人为中型企业；第二次，以固定资产数量为标准；第三次，以年综合生产能力为标准；第四次，按照年产量、固定资产对冶金、采矿等范围内的企业进行了界定；第五次，以销售收入、资产总额为标准；第六次，从职工人数、销售额、资产总额界定工业、建筑业、交通运输和邮政业、批发和零售业等行业的中小企业；第七次，主要标准为营业收入、从业人员、资产总额。

第七次调整中小企业划分标准是根据四部委联合下发修订的《中小企业划型标准规定》进行调整，也是我国首次将企业划分为中型企业、小型企业、微型企业三种类型，具体的划分标准根据企业从业人员和营业收入等指标，结合行业特点制定，具体见表 1 - 1。

表 1-1　　　　中国中小企业划分标准

行业名称	指标名称	计量单位	中型	小型	微型
农、林、牧、渔业	营业收入（Y）	万元	500≤Y<20 000	50≤Y<500	Y<50
工业	从业人员（X）	人	300≤X<1 000	20≤X<300	X<20
	营业收入（Y）	万元	2 000≤Y<40 000	300≤Y<2 000	Y<300
建筑业	营业收入（Y）	万元	6 000≤Y<80 000	300≤Y<6 000	Y<300
	资产总额（Z）	万元	5 000≤Z<80 000	300≤Z<5 000	Z<300
批发业	从业人员（X）	人	20≤X<200	5≤X<20	X<5
	营业收入（Y）	万元	5 000≤Y<40 000	1 000≤Y<5 000	Y<1 000
零售业	从业人员（X）	人	50≤X<300	10≤X<50	X<10
	营业收入（Y）	万元	500≤Y<20 000	100≤Y<500	Y<100
交通运输业	从业人员（X）	人	300≤X<1 000	20≤X<300	X<20
	营业收入（Y）	万元	3 000≤Y<30 000	200≤Y<3 000	Y<200
仓储业	从业人员（X）	人	100≤X<200	20≤X<100	X<20
	营业收入（Y）	万元	1 000≤Y<30 000	100≤Y<1 000	Y<100
邮政业	从业人员（X）	人	300≤X<1 000	20≤X<300	X<20
	营业收入（Y）	万元	2 000≤Y<30 000	100≤Y<2 000	Y<100
住宿业	从业人员（X）	人	100≤X<300	10≤X<100	X<10
	营业收入（Y）	万元	2 000≤Y<10 000	100≤Y<2 000	Y<100
餐饮业	从业人员（X）	人	100≤X<300	10≤X<100	X<10
	营业收入（Y）	万元	2 000≤Y<10 000	100≤Y<2 000	Y<100
信息传输业	从业人员（X）	人	100≤X<2 000	10≤X<100	X<10
	营业收入（Y）	万元	1 000≤Y<100 000	100≤Y<1 000	Y<100
软件和信息技术服务业	从业人员（X）	人	100≤X<300	10≤X<100	X<10
	营业收入（Y）	万元	1 000≤Y<10 000	50≤Y<1 000	Y<50
房地产开发经营	营业收入（Y）	万元	1 000≤Y<200 000	100≤Y<1 000	Y<100
	资产总额（Z）	万元	5 000≤Z<10 000	2 000≤Z<5 000	Z<2 000
物业管理	从业人员（X）	人	300≤X<1 000	100≤X<300	X<100
	营业收入（Y）	万元	1 000≤Y<5 000	500≤Y<1 000	Y<500
租赁和商务服务业	从业人员（X）	人	100≤X<300	10≤X<100	X<10
	资产总额（Z）	万元	8 000≤Z<120 000	100≤Z<8 000	Z<100
其他未列明行业	从业人员（X）	人	100≤X<300	10≤X<100	X<10

资料来源：《中小企业划型标准规定》。

科学合理地界定小微企业对于研究科技型小微企业有着重要意义。从表1－1中可以看出，小微企业包括小型企业和微型企业。小微企业的认定条件在每个行业各不相同，主要从营业收入和从业人数等方面进行认定。以上是关于科技型小微企业界定中“小微”的解释，接下来本书将对科技型小微企业中的“科技”进行界定。

三、科技型企业的界定

科技型企业的国际通用名称为高新技术企业，因此界定科技型企业的前提是了解何为高新技术。国外对高新技术企业的认定是建立在产业认定的基础上，即把处于高新技术产业领域中的企业称为高新技术企业。随着高新技术的迅猛发展，国内外对高新技术的研究日益增多。我国对高新技术企业的认定工作是从20世纪90年代初开始的。当时，为了支持我国高新技术产业的发展，促进高新技术企业快速成长，国务院于1991年发布《国家高新技术产业开发区高新技术企业认定条件和办法》，授权原国家科委组织开展国家高新技术产业开发区内高新技术企业的认定工作，并配套制定了财政、税收、金融、贸易等一系列优惠政策。1996年将高新技术企业认定范围扩展到国家高新区外。2000年根据新的形势要求，再次修订了国家高新区内高新技术企业认定标准。具体认定条件为：1. 从事本办法第四条规定范围内的一种或多种高新技术及其产品的研究开发、生产和技术服务。单纯的商业贸易除外。企业的高新技术产品，由省、市科技行政管理部门根据高新技术产品目录进行认定。2. 具有企业法人资格。3. 具有大专以上学历的科技人员占企业职工总数的30%以上，其中从事高新技术产品研究开发的科技人员应占企业职工总数的10%以上。从事高新技术产品生产或服务为主的劳动密集型高新技术企业，具有大专以上学历的科技人员应占企业职工总数的20%以上。4. 企业每年用于高新技术及其产品研究开发的经费应占本企业当年总销售额的5%以上。5. 高新技术企业的技术性收入与高新技术产品销售收入的总和应占本企业当年总收入的60%以上；新办企业在高新技术领域的投入占总投入60%以上。6. 企业的主要负责人应是熟悉本企业产品研究、开发、生产和经营，并重视技术创新的本企业专职人员。国家高新技术企业认定采取百分制，企业达到70分以上即可通过，具体评分见表1－2。

表1－2　国家高新技术企业认定评分

序号	指标	赋值
1	核心自主知识产权	30
2	科技成果转化能力	30
3	研究开发的组织管理水平	20
4	总资产和销售额成长性指标	20
合计		100

资料来源：《高新技术企业认定管理工作指引》。

从以上的内容可以看出，科技型企业的认定条件包括：1. 从事高新技术的研发并最终转化为技术产品；2. 产品所涉及的领域可以为信息、电子、生物工程、新材料、新能源、生物医药等；3. 已经进行企业纳税登记；4. 已经运行一年以上并且有能力继续运营下去；5. 有一定的自主创新能力，技术人员的学历要求大专以上，研发经费要达到一定比例；6. 技术产品的销售收入为企业的主要收入来源。同时应注意科技型企业是一个相对的、动态的概念。科技型企业的界定会受到不同经济社会发展阶段和历史时期的影响，即国家对高新技术领域的认定变化会直接导致对科技型企业认定的变化。因此，科技型企业的认定要与国际标准接轨，还需要结合我国的实际发展情况，并依据不同的经济社会发展阶段，保持标准的动态调整，以满足经济社会发展的需要。

四、科技型小微企业的界定

王文欣（2013）的研究指出，通常来说，科技型小微企业的产业规模很小，具有高素质的人才和具备很强的创新能力，蕴含在其产品或服务中的科技含量远远高于一般的小微企业，因此具有更高的生存潜力和企业竞争力；张欢（2015）根据《中小企业划型标准规定》定义了科技型小微企业，指出科技型小微企业主要由科技人员构成，员工人数不超300人且不低于20人，研发人员比例和研发强度在6%以上，并且主要业务涉及高新技术产业。科技型小微企业既要符合科技型企业的界定又要符合小微企业的界定，总的来说，符合科技型小微企业的定义应满足以下条件：1. 在信息、电子、生物工程、新材料、新能源等领域对产品和新技术进行开发和应用的小型和微型企业；2. 技术产品的销售收入为企业的主要收入来源；3. 研发经费要达到一定比例；4. 有一定的自主创新能力，技术人员的学历要大专以上。

从定义可以看出，科技型小微企业是小微企业群体中更加重视创新，也是最为活跃和最具发展潜力的群体，它们通常是新技术或新市场的率先实践者与探索者，科技型小微企业对创新的注重是其与一般小微型企业有所区别的主要特征之一。对创新的大力投入也加剧了这类企业可能遭受的风险。相较于一般的小微企业，科技型小微企业更容易遭受创新风险，同时企业也有更多的机会获得高收益。

第三节　研究框架与方法

一、研究框架

本书的研究思路为“科技型小微企业国内外政策评析—成长现状—成长困境及原因分析—成长机制优化”，研究框架分为六个部分，在逻辑上为前后因果或并列关系。具体如下。

第一部分：铺垫性研究。该部分主要陈述研究的基本概念，包括企业、小微企业、科技型企业和科技型小微企业，研究背景、研究框架和研究思路等。总体上对广州市科技型小微企业的研究进行概述。这部分主要是为下面的研究进行铺垫和牵引。

第二部分：科技型小微企业成长机制的理论分析和研究现状。本书中企业成长理论的研究从线性转化到非线性，从简单转化到复杂，逐渐凸显企业生命的本质，并在此基础上梳理已有企业成长理论，探索科技型小微企业成长的理论解释。在研究现状分析方面，书中通过梳理各期刊上发表的关于科技型小微企业的文章，可以发现学者们主要从科技型小微企业成长困境及原因探析、科技型小微企业成长影响因素分析以及科技型小微企业成长机制优化三个方面进行研究。这部分主要为下面的研究奠定理论基础。

第三部分：科技型小微企业国内外政策评析。本部分从国家、广东省、广州市三个层面，基于财税、创新、孵化器、人才、融资五个维度总结了我国现有支持科技型小微企业成长的政策，同时梳理了科技型小微企业发展较为成熟的如美国、德国、韩国等国家和发展前景较好的如俄罗斯、巴西、印度等国家支持科技型小微企业成长的政策，并对国内外现有政策进行评析。这部分主要是承上启下地为下面进行影响要素研究确立基础。

第四部分：科技型小微企业成长现状研究。本部分首先从政策环境、经济环境、人才环境、技术创新环境和融资环境等方面对广州市科技型小微企业的成长环境特性进行分析；其次采用问卷调查法从广州市科技型小微企业的发展规模、区域及行业发展、融资情况、技术创新、人力资源以及政府扶持等方面对广州市科技型小微企业的成长过程特性进行分析；最后基于企业生命周期理论，从初创期、成长期、成熟期和衰退期四个不同成长阶段对广州市科技型小微企业的成长特性进行分析，并总结出科技型小微企业的诞生率有所提高、科技创新载体建设有所加强和科技服务力度不断增强的优势。其根本目的在于判断构建的科技型小微企业成长机制的适用性。

第五部分：科技型小微企业成长困境及原因分析。通过对广州市科技型小微企业的成长现状进行分析，可以看出广州市科技型小微企业的成长有其优势，例如政策支持力度不断增强、科技创新载体建设有所加强、科技服务力度不断增强等，但也存在着困境，主要是资金压力、经营风险和融资难度大、缺乏创新人才，产学研合作不佳、社会服务体系不健全、政策体系不够系统等。广州市科技型小微企业要保持良性发展必须突破成长的困境，要突破成长困境关键在于分析广州市科技型小微企业成长困境的成因，本书运用SWOT分析方法，研究广州市科技型小微企业成长困境的形成原因，同时针对广州市科技型小微企业的四个不同成长期进行具体的成因分析，为广州市科技型小微企业成长机制的构建以及制度的完善提供有力的佐证。

第六部分：科技型小微企业成长机制的对策研究。广州市科技型小微企业是一个复杂的组织体系，是不断因外部变化而整合内部的运作过程。外部成长环境推动力和内部成长动力相互促发，共同构筑广州市科技型小微企业的成长机制。本书通过分析广州市科技型小微企业的成长特性，识别科技型小微企业的成长机制要素，并分析各要素与企业成长性之间的内在作用机制，结果显示，广州市科技型小微企业的成长机制是由内生要素和外生要素共同作用形成的。广州市科技型小微企业的成长依赖其良好的外部成长环境，如政策法律环境、投融资环境、区域创新平台化、企业集群、企业成长阶段和社会服务体系及基础设施的建设等，更依赖于其自身内部成长条件的完善，如管理者要素、技术创新、人力资源、融资能力、产品转化力、治理结构和企业文化等。本书从外生要素和内生要素两个方面提出完善广州市科技型小微企业成长机制的对策建议。

本书的研究思路如图 1－1 所示。

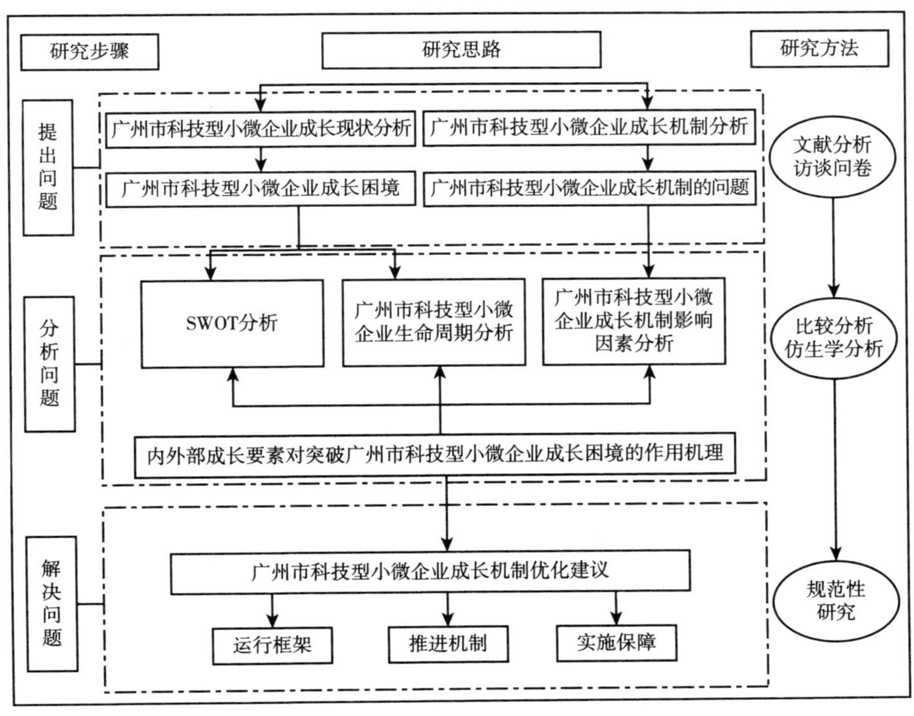

图 1－1　广州市科技型小微企业成长机制研究思路

二、研究方法

（一）访谈与问卷调查法

访谈是问卷形成的前提，也是构思研究框架的基础。问卷调查是实证分析的基础，也是统计检验数据的直接来源。本书通过对文献进行整理，在提炼得到科技型小微企业成长影响因素的基础上设计调查问卷，结合深度访谈进行小范围的预调研。根据预调研的反馈对问卷进行优化，最终形成正式的调查问卷，进而对科技型小微企业开展大规模的问卷调查。

（二）文献分析法

文献分析是研究的基础，本书的文献主要来自专著和期刊，文献整理遵循的基本原则是：选取影响因子较高的英文文献，中文文献主要是选自国家自然基金委认定的期刊以及学科领域排名靠前的期刊。在阅读相关中英文文献的基础上，对相关研究文献进行分类整理。

（三）比较分析法

比较分析法是管理学和经济学等社会科学问题研究的常用方法，是通过比较分析来发现问题和分析问题。本书在研究过程中，通过对国内外科技型小微企业的支持政策进行对比研究，剖析彼此的差距，并借鉴发达国家的经验，以期为我国科技型小微企业成长机制的构建提供研究支持。

（四）仿生学研究方法

本书运用仿生学理论，剖析企业内在成长过程所依存的外部环境系统的生物性与生命特性，分析科技型小微企业成长过程中的特性，以此为基础从外生要素和内生要素两个方面构建科技型小微企业的成长机制，以促进科技型小微企业的成长。

（五）规范性研究方法

本书应用规范性研究方法，以科技型小微企业为研究对象，分析其成长特性，揭示其成长困境，研究其成长的演进规律。在此基础上，提炼和归纳科技型小微企业成长机制的构成，以及内外部要素对科技型小微企业成长的作用机理，最终提出优化科技型小微企业成长机制的对策。

第二章
理论基础与研究现状

第一节　理论基础

对科技型小微企业成长机制的研究，要基于已有的企业成长理论，探索科技型小微企业成长的理论解释是构建企业成长机制的关键。关于企业成长理论，众多学者从不同的视角进行梳理并形成研究成果，本书主要引用了杨杜的专著《企业成长论》、施炜和苗兆兆的专著《企业成长导航》、吕波和魏国辰的专著《企业成长路径——理论与案例》、徐飞和宋波的专著《企业发展理论与成长机理》、张玉明的专著《中小型科技企业成长机制》、徐希燕等的专著《科技型小微企业政策研究》中关于企业成长理论的阐述。

一、专著中企业成长理论阐述

（一）杨杜《企业成长论》中关于企业成长论述

杨杜的专著《企业成长论》一书中对“经营资源”进行了概念上的详细阐述，分别探讨经营资源的量、扩张、结构、支配主体四个方面的内容，指出现代大企业最主要的经济源泉，已经由传统的专业化大生产体制，转向今天的多样化持续成长体制。书中还阐述了现代企业量的成长和质的成长两种成长状态，指出企业成长不仅仅是一种单纯的数量扩张，还要也必须要包括质的变化。同时强调不能把企业仅仅当作一个单纯的生产单位，应以新的概念，从新的角度，用新的方法来观察和看待企业，把企业当作市场经济中一个活生生的主体，当作一个具有一定管理组织、拥有多种经营资源的集合体，当作一个生物体来看待，企业是可以“成长”的存在。

（二）施炜、苗兆兆《企业成长导航》中关于企业成长论述

施炜、苗兆兆的专著《企业成长导航》一书中总结出学界关于企业成长的五种模型研究，一是钱德勒（Chandle）的“钱氏模型”。[①] 在1962年出版的《战略与结构：美国工商企业成长的若干篇章》一书中，钱德勒通过对杜邦公司、通用汽车公司、新泽西标准石油公司和西尔斯公司等成长过程的研究，提出美国企业扩张通常经历创业、横向合并、纵向一体化、海外扩张和多元化五个阶段。钱德勒的历史性贡献在于开创性地从战略与组织相互影响的视角来描述企业成长的过程，提出了战略引导组织能力，反过来组织能力约束战略选择的企业成长“钱氏模型”。钱氏模型的局限性在于虽然首次提出了“组织能力”的概念，但对每个阶段的讨论仍然局限于“组织结构”的层面。二是格雷纳（Greiner）的企业成长模型。[②] 哈佛大学教授格雷纳于1972年通过研究，归纳出企业成长的五个关键因素：组织的年龄、组织的规模、演变的阶段、变革的阶段和产业的增长率。格雷纳的贡献在于发现组织成长过程中演变和变革的区别，明确提出企业不会自动从一个阶段演进到下一个阶段，在两个阶段之间，需要经历变革的阵痛。变革是对原有管理结构、管理规则和管理风格的打破，是一种新平衡的重构，但格雷纳教授的研究并没有延续下去。三是弗拉姆豪茨（Flamholtz）与兰德尔（Randle）的企业成长七阶段模型。[③] 加州大学洛杉矶分

---

① 阿尔弗雷德·D. 钱德勒. 战略与结构：美国工商企业成长的若干篇章［M］. 孟昕，译. 昆明：云南人民出版社，2002.

② 拉瑞·格雷纳. 组织成长中的演变和变革［J］. 王肖婧，王丽芳，译. 哈佛商业评论（中文版），1998.

③ 埃里克·G. 弗拉姆豪茨，伊冯·兰德尔. 企业成长之痛：创业型企业如何走向成熟［M］. 黄震亚，董航，译. 北京：清华大学出版社，2011.

校管理学教授弗拉姆豪茨和兰德尔根据自己的研究和咨询经验于1986年提出了企业成长的七阶段模型。弗拉姆豪茨教授和兰德尔认为，管理企业成长需要从整体上把握企业，规划某些关键领域的必要改革，才能帮助企业从一个成长阶段成功地进入下一个成长阶段。应关注的关键领域包括企业的事业基础和6项关键组织任务。具体来讲，企业的事业基础是指企业的业务定义、战略使命与核心战略；6项组织任务则包括识别并建立利基市场、开发产品和服务、获取资源、开发运营系统、开发管理系统和管理企业文化。企业要想健康成长，企业的事业基础和6项组织任务之间必须相互支持，同时6项组织任务必须融为一个整体。但是企业在不同成长阶段对这6项组织任务的关注点是不同的，依据关注点的不同，企业成长可以划分为创业、扩张、规范化、巩固、多元化、整合、衰落与复兴七个阶段。在弗拉姆豪茨的企业成长模型里，首次明确了组织发展的各个任务，而且每个阶段对应不同的组织任务，对企业有更直接的指导意义。然而，弗拉姆豪茨的模型存在两个重大缺陷：第一是模型本身不够严谨，例如对人的激励和管理，几乎只字未提；第二是每个阶段只强调某一两个任务，本身就违背了建立模型之初强调“整体”的初衷。四是爱迪思（Adizes）的企业生命周期理论。[①] 爱迪思提出的企业生命周期理论在管理学界别树一帜。爱迪思试图跳出学院派的管理教育模式，从现实中的管理问题出发，结合自己长期的管理顾问经验，对管理进行了门诊医疗式的探讨。在爱迪思眼里，企业就像生命体一样，会经历从孕育到出生、成长，再到老化、死亡的生命周期。1988年，爱迪思博士出版了《企业生命周期》一书，书中系统阐述了他从20世纪70年代便开始倡导的企业生命周期理论，拟人化地将企业发展历程划分为孕育期、婴儿期、学步期、青春期、盛年期、稳定期、贵族期、官僚化早期、官僚期与死亡十个阶段。爱迪思的主要贡献在于从文化的视角描述企业的成长过程，认为企业的成长与老化同生物体一样，主要都是通过灵活性与可控性这两大因素之间的关系来表现的。企业年轻时充满灵活性但可控性差；企业老化时可控性增加，灵活性减弱。在此基础上，爱迪思提出了自己的诊断模型，即PAEI模型，从企业

① 伊查克·爱迪思．企业生命周期［M］．赵睿，等译．北京：中国社会科学出版社，1997．

目标（P）、执行管理（A）、创新精神（E）和整合措施（I）四个维度来诊断和干预企业文化，通过对企业文化的干预来延缓企业的老化。爱迪思生命周期理论的缺陷在于“看对了病症而药力不足”，单纯从文化角度干预企业的老化过程显得有点“隔山打牛”，很难行之有效地阻止企业的老化进程。五是杨杜的企业成长“三性模型”。[①] 在研究企业成长的国内学者里，中国人民大学的杨杜教授无疑最具代表性。早在 1996 年，杨杜教授便在《企业成长论》一书中基于企业持续性、增长性、变革性提出企业成长的“三性模型”，在 2014 年出版的《成长的逻辑》一书中进一步发展和修正了这一模型。书中指出企业持续性是研究企业如何才能活下去，不仅关注企业的原则底线，还要时刻考虑到企业组织的可传承性；企业增长性即要把企业做大做强，既包括企业的增长，也包括员工的成长，员工成长为企业增长做出贡献，企业增长为员工成长搭建舞台，最终实现企业与员工共同成长；企业变革性是指一个企业发展到一定程度之后，总要进行主动或被动的变革，具不具备变革性是决定一个企业能不能持续成长下去的至关重要的一环。杨杜教授认为，上述三种属性的强弱决定了企业创业期、成长期、成熟期和衰退（或蜕变）期四个阶段的成长过程和成长节奏。杨杜教授将注意力放在“战略转折点”的管理上，认为企业的成长道路近似于 S 型的寿命周期曲线，在成长的战略转折点上很容易掉进两大陷阱：一个是冒进陷阱，在企业创立 7 ~ 8 年时最容易出现，其根本轨迹是：创业成功—盲目自信—多元投资—快速膨胀—管理失控—短命夭折；另一个是保守陷阱，一般发生在企业创立 20 年左右的时间点，经营者永不放弃、誓与企业共存亡的情绪和员工的盲目忠诚感使企业在需要变革时过于谨慎，导致企业失去复苏的机会。绕过战略陷阱的关键在于两点：一是把握战略转折点；二是强化管理，提升企业核心竞争力。

（三）吕波、魏国辰《企业成长路径——理论与案例》中关于企业成长论述

吕波、魏国辰的专著《企业成长路径——理论与案例》一书中指出企业成

① 杨杜．成长的逻辑［M］．北京：经济管理出版社，2014．

长理论包括古典和新古典经济学的企业成长理论、新制度经济学的企业成长理论、企业内生成长理论等。古典经济学代表人物有亚当·斯密（Adam Smith）和马歇尔（Marshall），亚当·斯密的主要观点是单个企业的成长与其分工程度正相关，分工使得企业以较低的成本获得更高的产出，从而取得规模效益。① 马歇尔认为新加入企业带来的竞争、企业家寿命有限性对企业成长的制约、企业在规模扩大时带来的灵活性降低都会使企业规模达到一种均衡。② 新古典经济学基于对价格机制有效性研究，认为企业会根据边际收益等于边际成本来安排生产，确定最优生产规模，实现利润最大化。③ 当企业调整至最优生产规模时，即实现了企业成长。书中指出以上观点忽略了企业资源、技术条件、企业发展战略对企业成长的影响，更加关注于企业规模的确定和调整，而且更多的是一种静态均衡分析。新制度经济学的代表人物是科斯（Coase），他的主要观点是企业是对市场的替代，企业扩张的动力是为了减少交易费用，管理费用和交易费用相比较决定了企业的规模。《企业成长路径——理论与案例》一书对以上观点进行评价，指出在考察企业成长方面，更多地关注于企业和市场的边界问题，这也是一种静态分析。企业内生成长理论代表人物是彭罗斯（Penrose）、普拉哈拉德（Prahalad）、提斯（Tease）、皮萨罗（Pizarro）、肖恩（Sean）和施振荣。彭罗斯在《企业成长理论》④ 一书中建立了企业资源—企业能力—企业成长的分析框架，指出企业成长是资源和能力交互作用的结果。普拉哈拉德的主要观点是企业核心能力，企业竞争优势来源于企业配置、开发和保护资源的能力。⑤ 提斯、皮萨罗、肖恩提出动态能力和分析框架，指出企业要具有利用企业整合、重构企业内部和外部资源技能来适应快速变化环境的能力。⑥ 施振荣提出微笑曲线理论，指出企业成长过程中应加快产业升级和转型，向曲线左右两端（即产品研发和品牌营销）转型，在

① 亚当·斯密．国民财富的性质和原因的研究（上卷）[M]．北京：商务印书馆，1997（5）．

② 马歇尔．经济学原理（上卷）[M]．北京：商务印书馆，1965．

③ 庞巴维克．资本与利息 [M]．北京：商务印书馆，2010．

④ 彭罗斯．企业成长理论 [M]．上海：上海人民出版社，2007．

⑤ 普拉哈拉德．公司核心竞争力 [J]．哈佛商业评论，1990．

⑥ 提斯、皮萨罗、肖恩．动态能力与战略管理 [J]．1997．

产业链分工中占据有利位置。[1]《企业成长路径——理论与案例》一书认为这些观点占据主流，强调企业要不断创新，协调好企业的资源和能力，以适应不断变化的经济环境。书中还介绍了企业成长理论的新思潮，指出成长的逻辑包括价值创新与核心竞争力移植、超常成长、企业成长的速度与极限、企业的成长资源等。

（四）徐飞、宋波《企业发展理论与成长机理》中关于企业成长论述

徐飞、宋波的专著《企业发展理论与成长机理》一书中分析了企业成长力，梳理了企业成长的理论，指出企业成长理论包括内生结构理论、外生环境理论、催生或然理论。内生结构理论从企业拥有的禀赋及这些禀赋的配置方式来考察企业的发展。内生结构理论的基本思想源于古典经济学。古典经济学认为，企业拥有的资源决定企业的发展。企业从创立到壮大再到成熟，是一个利用资源、创造资源和配置资源的循环往复过程。在古典经济学的基础上，经济理论不断得到新的发展，出现了契约理论、激励理论、不对称信息理论、战略联盟理论等，使管理学家可从企业内部寻找企业业绩的理论解释。德国和日本创造了第二次世界大战之后的经济奇迹，尤其是日本企业的成功，使人们更加觉察到内因在竞争中的重要作用。20 世纪 80 年代以后，许多企业感到无法在众多领域里成为世界级竞争者，于是纷纷清理非核心业务，出现了“归核化”趋势。内生结构理论的代表观点有四种，分别为核心能力理论、企业家理论、超产权理论、创新系统理论。外生环境理论从环境对企业的决定和影响方面考察企业的发展，认为促使企业发展的力量来自企业之外的环境，例如竞争，或者说企业的成长是一种对环境的适应。企业对环境不断感知，通过感知不断修正意识，再通过对意识进行不断的行为调整，从而在资源和利润有限的市场环境中谋求有利的生存空间。企业发展的过程就是将外压力转化为内动力的过程。企业外部环境中有足够多和足够强的力量，影响和决定一个企业的命运，如同自然环境深深决定了一个生物的命运一样。如今，很多企业面临着产品生命周期缩短、研发速度加快和需求不确定性加剧

---

① 施振荣．微笑曲线［M］．上海：复旦大学出版社，2014．

的外部环境。企业要想生存和发展，必须审时度势，不断提升自己的适应能力，以不断迎合新环境和周遭的世界，避免被市场和竞争者淘汰出局。外生环境理论的代表观点有三种：一是20世纪80年代迈克尔·波特（Michael E. Porter）提出的企业竞争战略理论；二是基于生物学“自然选择”思想的企业进化理论；三是基于生物学视角的生命周期理论。内生结构理论和外生环境理论分别从企业内部与外部环境两方面讨论了企业发展的相关论题。这种探讨或者以企业拥有的某种内在禀赋及其配置方式为出发点，研究它们获得、培育和利用对企业发展的塑造；或者以环境中的某种力量为主线，探讨这种力量促进企业发展的机制。然而不可否认的是，无论是企业自身还是外部环境，都存在着大量的不确定性，这种不确定性的爆发对企业的发展往往具有深刻甚至转折性的影响。通常，企业内在结构配置和对环境适应模式的演变是比较平稳的。但在偶然的情况下，这种平稳过程会被隐含不确定性的显现而打断，企业会以革命性的方式呈现出剧烈的、飞跃性的变化，表现出一种明显的跃迁形态。催生或然理论关注的就是这种不确定性对企业发展的塑造。该理论认为，企业的发展既表现出随时间平稳演化的规律性，又不失由于不确定性的冲击而呈现的随机性。正是这种规律性的脉动和随机性的躁动，共同影响着企业的发展进程。催生或然理论的代表观点有四种，分别为文化知识理论、政策激励理论、偶然性理论、突变性理论。

（五）张玉明《中小型科技企业成长机制》中关于企业成长论述

张玉明的专著《中小型科技企业成长机制》一书中指出对于企业的成长，许多学者从不同的视角进行了研究，最初从企业的生产函数、契约，到生命体，再到后来的复杂适应系统，经历了从外生到内生再到内外整合、从静态到动态的演变过程，呈现出从线性分析向非线性分析的深化，形成了一系列代表性观点，包括古典经济学企业成长论、新古典经济学企业成长论、新制度经济学成长论、资源观的企业成长论、能力观的企业成长论、生命周期理论等。作者按照上述分类思路，梳理企业成长理论演进的思想脉络，并在评析已有理论对企业成长问题的解释基础上，构建仿生学视角的中小型科技企业成长机制研究理论框架，指出中小型科技企业成长过程体现出了诸多非线性特点，呈现了涌现、开放性、自发性、适应性和涨落的复杂性特性，要从单纯把中小型科技企业看作类似于自然界中没有生命特性生物体，逐渐过渡到把其看成具有可控性和主动适应能力的人造生命有机体。对中小型科技企业的研究应当建立在生命有机体的假设基础之上，从企业仿生学视角入手，运用复杂系统理论等相关理论进行深入分析才能更好地把握其独特的成长规律。中小型科技企业成长是内外因素共同作用的结果，即分析和研究影响其成长的因素要做到内外兼顾，其中，内部因素是影响成长的根本，外部因素是必要补充。需要运用生态学以及企业生态系统理论对中小型科技企业与环境的作用进行分析，以把握影响其成长的外部环境要素。从复杂性角度来解析中小型科技企业成长机制问题，即应当运用相关的复杂性理论，探索如何建立完善中小型科技企业成长机制，从而解决其“寿命短、死亡率高”的成长困境。

（六）徐希燕等《科技型小微企业政策研究》中关于企业成长论述

徐希燕等的专著《科技型小微企业政策研究》一书中指出关于技术与经济增长关系的前沿研究是新增长理论，即“内生增长理论”。该理论打开了“索洛剩余”这一“黑箱”，给出了技术变化的内生解释。书中还重点介绍与科技型小微企业成长密切相关的“科技型小微企业生命周期理论”。书中指出企业成长理论认为企业既是一个社会经济组织，同时也是一个生命有机体。企业也像生命有机体一样，有一个从生到死、由盛到衰的过程。企业所呈现出的生命周期现象是企业的基本活动规律之一。科技型小微企业的生命周期由种子期、孵化期、成长期、成熟蜕变期构成。为了促使更多科技型小微企业的诞生，同时降低科技型小微企业遭遇失败淘汰的风险，促使其步入成熟蜕变期、实现良性发展、由小变大、由弱变强的良性发展路径，在科技型小微企业的种子期、初创期、成长期和走向成熟期等关键环节提供适宜的创业环境和政策扶持是十分必要的。

二、专著中企业成长理论的评析

纵观以上学者关于企业成长理论的阐述，可以得知企业成长理论的研究源于亚当·斯密的企业分工理论，亚当·斯密是第一个对企业成长理论进行分析探究的学者，马歇尔等在分析企业成长流程中遇到难题的基础上，结合分工规模经济效益对问题进行分析，形成马歇尔的企业成长规律理论，随后出现了制度经济学，代表人物主要是科斯和威廉姆森，他们将企业中的交易作为分析主体，通过交易成本和交易关系展开对企业成长的探究。随后学者彭罗斯对企业中的各种工作展开探究，进一步揭示企业的成长过程，形成彭罗斯企业内生成长论。在她的观点中，企业之所以开展各种活动，是为了能够获取更多的利益，在这些活动中，工作人员发挥主要作用，因此企业应该对管理进行创新，企业通过管理创新可以使得其管理体系进一步得到改善，具备更高的监管能力，促使企业资源最大限度地被利用，更有利于企业的稳健成长。普拉哈拉德和哈默尔通过研究指出企业内部资源的科学利用是形成企业竞争优势的主要原因，企业具备的资源优势并不仅仅是可见的物质资源，还包括发展机会等。因此企业需要通过各种努力来促使这些资源能够长期被企业利用，推动企业竞争能力的提升，让企业在市场中长期存在，实现盈利。再到钱德勒的现代工商企业成长论、爱迪思的企业成长生命周期理论，企业的本质由机械的、静态的转变为具有类生命体特征的有机生命体；随后耗散结构论、协同论和突变论、混滩论等理论以及生命科学的发展，使得人们对企业的成长认识得到进一步深化，企业成长理论的研究从线性转化到非线性，从简单转化到复杂，逐渐凸显企业生命的本质。企业成长理论的历史演化说明了人们的认识对企业成长研究的不断深化，企业成长特征从不同层面上得到阐释，以上研究成果为本书奠定了极其重要的研究基础。①

第二节　研究现状

科技型小微企业的发展状况决定着经济社会的活力程度，如何完善科技

① 刘沛旭．协同创新视角下山西省科技型小微企业成长机理研究［D］．太原：山西财经大学，2017．

型小微企业的成长机制，使之更好地服务经济社会，是各方普遍关注的问题，学者们也纷纷对科技型小微企业的成长机制进行研究，并做出阐述。本书梳理了2013～2019年知网上关于科技型小微企业研究的论文情况，具体见表2－1。

表2－1　2013～2019年关于科技型小微企业研究的论文情况

年份	2013	2014	2015	2016	2017	2018	2019
文献数量（篇）	113	155	158	183	123	129	92

资料来源：根据知网统计而得。

梳理各期刊上发表的关于科技型小微企业的文章，可以发现学者们主要从科技型小微企业成长困境及原因探析、科技型小微企业成长影响因素分析以及科技型小微企业成长机制优化三个方面进行研究。

一、科技型小微企业成长困境及原因探析

科技型小微企业作为促进国民经济增长的生力军，对推动产业结构调整和增加就业起着重要作用。与此同时，在激烈的市场竞争环境下，科技型小微企业又面临着严峻的生存危机。众所周知，科技型小微企业普遍存在“平均寿命短、死亡率高”的问题，对此，众多学者对科技型小微企业的成长困境以及原因进行深入研究。

梁锐、王会芳（2010）通过研究发现，大部分科技型小微企业仍处于传统产品的生产领域中，企业科技投入水平低，对科技人员和科研成果的重视度不高，限制了企业的进一步成长，从而难以发挥对我国科技进步应有的作用。赵玲、李建林（2012）基于生命周期演进的视角进行研究，发现科技型小微企业进行融资一方面具有资金需求时间急、融资额度小、频率高、信息严重不对称、交易成本高、无有效担保、信用程度低、融资风险高等一般小微企业的特点，另一方面又具有科技型企业在不同生命周期对融资风险和融资需求不同的独特属性。晏绪飞、陈鑫（2013）的研究认为，科技型小微企业发展困境主要是缺乏规范化的体制、资金扶持力度小、高素质人才匮乏以

及技术创新能力弱等。陆岷峰（2014）通过研究科技型小微企业科技金融发展面临的相关问题，提出科技型小微企业的发展困境主要有以下五点：1. 科技型小微企业自身担保方式难以满足融资需求。2. 科技型小微企业信用风险较大。3. 银行的科技金融服务落后于科技型小微企业的融资需求。4. 政府对科技型小微企业的管理尚未形成合力。5. 支持科技型小微企业发展的外部环境相对较差。罗怀凤、郑循刚（2014）针对目前社会环境下科技型小微企业在发展过程中面临的诸多亟须解决的问题，指出科技型小微企业目前面临的主要问题有：没有得到政府及社会充分的重视、企业在经营管理上的不善使得企业缺乏抵御外部风险的能力、企业在融资方面步履维艰、科技型小微企业的负担过重等。胡丽华（2015）主要从制约科技型小微企业有效融资的角度进行研究，认为制约科技型小微企业有效融资的主要因素有宏观政策引导缺乏力度、金融业改革创新不到位、金融体系不完善、缺乏多元化融资渠道以及科技型小微企业自身的特点和不足增大了融资难度。张鲁秀、王鹏、刘德胜（2016）认为，科技型小微企业以强烈的创新动机和专业技术成长为国家创新建设的主体，但科技型小微企业的成长仍呈高风险性。肖诗媚、郭思圻（2016）对广东省 1 000 家科技型小微企业融资现状及发展困境进行随机调查并分析，发现科技型小微企业存在融资服务平台不健全、融资渠道不通畅、诚信体系不完善、融资风险高等问题，并指出导致这些问题的根本原因是科技型小微企业的天然特性及其自身缺陷。朱伶俐（2017）研究发现尽管我国科技型小微企业在经济发展中起到的作用越来越大，但其在融资过程中遭遇的瓶颈越来越多。经调研表明，科技型小微企业融资问题主要来自企业自身、银行机构和政府三个方面。科技型小微企业由于规模较小且财务管理制度不健全，导致融资难度大；加上银行贷款门槛高、手续繁杂，使得科技型小微企业贷款困难；政府政策实施力度不到位，使科技型小微企业难以享受到政府优惠政策。

二、科技型小微企业成长影响因素分析

对于科技型小微企业成长影响因素的分析，学者们的研究虽各有侧重，

但本质基本一致。学者们主要基于仿生学理论、生命周期理论的视角进行研究，将科技型小微企业的成长因素分为内部因素与外部因素两部分，各影响因素涵盖了宏观环境与微观环境。

（一）影响科技型小微企业成长的内部因素

刘莉、王成（2009）以深圳企业为研究样本，分析表明以人力资源管理、市场营销和质量管理为主的内部支持环境因素对企业的成长影响显著。宋英华、庄越（2011）通过研究认为企业家创新观念、人才引进与培养、对技术与管理骨干的激励以及企业文化氛围建设构成了企业持续成长的内部环境因素，对企业成长有显著的正相关作用。罗公利、边伟军、李静（2012）以山东省调查数据为基础对科技创业企业成长因素进行分析，研究表明企业内部环境因素包括企业家能力、企业战略、企业管理水平、企业技术创新和企业资源。黄丽君（2016）通过对河南省科技型小微企业进行研究，认为影响科技型小微企业成长的因素可以分为内部因素与外部因素两大类。其中内部因素包括企业家能力、技术创新能力、融资能力、营销能力以及人力资源。方圆（2016）基于生命周期理论对科技型小微企业成长的主要影响因素进行探析，认为企业成长的内部因素包括企业制度、企业资源、商业机会或项目、经营者领导力和内部控制，其中人力资源状况、财务资源状况、技术创新能力、市场预测和营销能力在企业资源中显得尤为重要。

（二）影响科技型小微企业成长的外部因素

刘莉、王成（2009）以深圳企业为研究样本，分析表明外部支持环境因素中的产业竞争环境对企业的成长性有负向影响。黄丽君（2016）通过对河南省科技型小微企业进行研究，认为影响科技型小微企业成长的因素可以分为内部与外部因素两大类，其中外部因素包括政策法律环境、金融环境以及行业情况。方圆（2016）基于生命周期理论对科技型小微企业成长的主要影响因素进行探析，研究表明企业的外部因素包括宏观经济、产业政策、金融环境、法律环境、信用文化环境和科技六个方面。

三、科技型小微企业成长机制优化研究

（一）完善科技型小微企业融资机制研究

企业要做大做强，融资是避不开的话题，科技型小微企业也不例外，如何完善科技型小微企业的融资机制是学者们研究的焦点。

樊钢（2000）提出应建立健全资本市场，成立中小金融机构，以建立竞争性的信贷市场来解决科技型小微企业融资难的问题。汤继强（2008）认为科技型小微企业的融资问题不是一个孤立的问题，它的解决之道涉及整个金融制度的安排以及经济发展模式的调整，在经济转型的时期，我们应该通过更多内生性的制度安排，实施金融制度的改革，并在这其中着重发挥政府的作用以构筑一个复合共生型的多元金融体系。姚树莲（2009）认为，在解决中小企业融资难的问题上需要引进新的思路，并提出了中小企业集群担保的概念。沈志远、高新才（2013）对科技型小微企业发展的情况进行研究，搭建了评价其融资能力的指标体系，并提出从政策环境方面和企业本身出发，化解科技型小微企业融资难题。李建林、赵玲（2013）巧妙利用科技型小微企业的融资特点，指出我国在实践过程中搭建的金融支持体系尽管与科技型小微企业生命周期一致，但仍存在缺陷。韩俊华、干胜道（2013）认为，完善科技型小微企业成长机制可从完善金融支持体系作用机制入手，具体体现在科技型小微企业金融支持体系风险分散机制、风险控制机制、信用资本形成机制以及贷款运行机制等。谢佩帛、汪秀琼、张晓峰、吴小节（2016）以广东省科技型小微企业金融支持政策体系建设情况和窘境为切入点，利用路线图法的分析思路研究未来 5 ~ 10 年科技型小微企业金融支持政策体系。仇荣国、孔玉生（2017）从科技型小微企业发展周期视角入手，构建科技型小微企业不同发展阶段信贷融资机制的多阶段演化博弈模型，通过理论分析和计算机仿真分析，探讨处于不同发展阶段的科技型小微企业信贷融资的演化状态。研究结果表明：1. 及时还款的科技型小微企业的期望收益同平均收益的差额以及科技型小微企业由于违约所支付的罚金同违约给银行带来的损失

之间的差额是影响演化稳定策略（ESS）的两类关键因素；2. 当科技型小微企业及时还款策略的期望收益同平均收益的差额为正值时，科技型小微企业由于违约所支付的罚金同违约行为给银行带来的损失的差额对于科技型小微企业信贷融资的最终稳定状况影响较小，不管差额为正值还是负值，科技型小微企业信贷融资的演化稳定策略（ESS）始终为（1，1）；3. 在信贷融资契约设计中，要提高科技型小微企业违约成本，使其支付的罚金能够弥补由于违约给商业银行带来的损失，能够营造良好的信贷融资环境，从而为更多科技型小微企业提供资金支持服务。曹衷阳、王重润（2019）以河北省为例分析了科技金融、科技型小微企业发展现状及面临的问题，指出金融支持可以采取融资机构与金融中介机构支持等方式，形成完整的科技金融体系支持科技型小微企业的发展。

（二）完善科技型小微企业政府扶持机制研究

企业的发展离不开政府的扶持，科技型小微企业由于其规模小、资金投入大等特性，更加需要政策的扶持，如何完善科技型小微企业政府扶持机制是学者们研究的重点。

瓦纳克（Vanacker et al.，2011）的研究称，公共性金融资源对中小微企业的成长有很强的绩效作用。资源基础学说认为，企业重要决策必须考虑所有可利用的资源因素，在此基础之上，孔令夷（2015）也提出仅仅依靠企业的内部资源力量，不足以推动企业快速发展，积极获取外部资源的支持才是推动企业进一步发展的有效方式。在众多政策当中，不同类型的政策对中小微企业的影响程度各不相同。郑春美、许玲玲、胡肖夫（2013）通过借鉴发达国家支持科技型小微企业发展的相关措施，如税收优惠措施、财政补贴措施、融资支持措施等，提出我国支持科技型小微企业成长的措施为加强政府对科技型小微企业的服务功能、建立专门针对科技型小微企业的金融结构和信用评估体系、税收优惠措施应多样化和加大财政补贴力度等。兰飞、王华、沈亚飞（2014）从创新能力培养方面详尽地整理了我国支持科技型小微企业成长的相关财税政策，指出科技型小微企业的成长离不开政府的扶持。王玉娥（2014）经研究得出，社会化服务政策显著负向影响科技型中小微企业的成长，金融政策、财税政策、产业政策、技术政策和人才政策显著正向影响科技型中小微企业的成长。鲍静海、徐明（2014）通过对科技型中小企业信用风险体系的研究，提出可通过违约概率测量、提高政府协作主体作用以及发挥商业银行与保险等机构的作用来完善科技型小微企业的成长机制。杨汉明等（2016）通过调研得知，资金政策对科技型小微企业成长的影响作用最大，产业政策次之。曹衷阳、王重润（2019）以河北省为例分析了科技型小微企业发展现状及面临的问题，并分别从政府调控与金融支持两个层面提出了科技金融推动科技型小微企业发展的措施。他指出政府可以采取法律与政策支持、组织机构推动、平台建设支持等方式支持科技型小微企业的发展。

（三）完善多方联动推动科技型小微企业发展机制研究

科技型小微企业的发展势头仍然迅猛，但是面临的问题依旧很多，当前仅靠一种社会力量是很难支持科技型小微企业的进一步发展和突破发展的瓶颈，所以政府、金融机构、各类型的中介机构应相互协作，才能共同为科技型小微企业的发展营造出良好的生态环境，促进科技型小微企业健康有序发展。

周国红等（2002）提出构建科技型中小企业成长环境的评价体系，通过指标系数评估企业的成长环境。曹洋、陈士俊（2006）认为，民营科技企业独特的成长机制是在其经营机制、运作机制以及动力机制间的有机融合和交互作用下形成的。张玉明、段升森（2010）基于仿生学视角构建了中小型科技企业成长机制模型，认为完善的中小型科技企业成长机制应包含外部环境系统反馈回路、自身功能系统反馈回路和各子系统间交互作用反馈回路，且错综复杂的交叉反馈回路形成中小型科技企业成长系统功能网络。高新才、李炎亭（2013）认为，推动科技型小微企业的成长和发展，需要良好的生态环境来孕育、合理的框架来引导、清晰的规则来约束，提倡建立由政府主平台、金融机构主资金、中介机构主服务的科技型小微企业良好生态环境体系。晏绪飞等（2013）在界定了科技型小微企业含义的前提下，综合资金、人才、市场、技术、投资等多方面的特点，通过分析科技型小微企业在成长过程中遇到的困境，有针对性地提出完善宏观体制建设、加大财政资金扶持力度、构建金融支撑体系、引进高端技术人才、培育技术创新能力等相关策略。李森森等（2013）通过梳理科技型小微企业在不同成长期间的特征，运用调查问卷分析法进行分析，得出不同成长阶段影响科技型小微企业成长的主要因素，并且提出在创办期应加强企业文化建设和完善企业信息保障系统等对策；成长期应提高融资能力，以及优化产业、行业环境和社会服务，加强基础设施的建设等；成熟期应加强产品与市场的开拓以及企业文化建设等；衰退期应着重提高企业家的素质等。朱永跃等（2014）通过分析当前科技型小微企业的发展现状，得出其在成长过程中遇到资金缺口大、融资困难，人才资源不足、招聘难，市场意识不强、开发难等困境，并且结合企业所处的环境，提出应大力加强企业家培训力度、提高其整体综合素质，加大资金扶持力度、拓宽企业融资渠道，优化人才环境、加大人才引进力度等对策以推进科技型小微企业的稳定发展。尹辉、周军（2014）基于协同创新的视角，从平台的搭建及研究机构的创立着手，指出政府相关部门、高校和科研机构、科技中介组织三者应联动以促进小微企业的技术发展。李方毅、郑垂勇（2015）指出，完善科技型小微企业成长机制可从完善立法、加强服务、优化环境三方面努力，以知识产权促进科技型小微企业的发展。袁宇（2015）从宏观、中观、微观三个层次对山东省科技型小微企业的发展状况进行分析并指出目前存在的问题，同时从协同创新、创新网络和自组织理论三个层面提出科技型小微企业可持续发展的建议。廉勇（2017）通过新经济地理学和博弈策略分析表明：科技型小微企业空间集聚机制主要体现在收益递增和不完全竞争方面；非合作博弈和不完全信息导致创新效率损失；降低技术创新成本，保护知识产权，建立集聚区行业联盟是提高科技型小微企业集聚区“创新”概率的关键因素。吴宁、马志强、朱永跃、赵广凤（2018）通过对全国范围内351个科技型小微企业有效样本的问卷调查，并结合深度访谈，提出应开辟多元化资金来源渠道、提升参与合作研发的内生能力、搭建开放式科技中介服务生态平台、健全知识产权长效保护机制以及畅通有效的沟通协调渠道以促进科技型小微企业的成长。

上述学者主要从科技型小微企业成长困境及原因探析、科技型小微企业成长影响因素分析以及科技型小微企业成长机制优化三个方面进行研究，指出科技型小微企业发展过程所要具备的因素以及突破发展瓶颈的解决思路，为本书研究提供了借鉴的方向。

第三章
国内外政策研究

本章从国家、广东省、广州市三个层面，基于财税、创新、孵化器、人才、融资五个维度总结了我国现有支持科技型小微企业成长的政策，同时梳理了科技型小微企业发展较为成熟的美国、德国、韩国等国家和发展前景较好的俄罗斯、巴西、印度等国家支持科技型小微企业成长的政策，对国内外现有政策进行研究。

第一节　我国现有政策

一、财税政策

（一）国家层面

2015 年，国务院印发的《国务院关于大力推进大众创业万众创新若干政策措施的意见》中提道："各级财政要根据创业创新需要，统筹安排各类支持小微企业和创业创新的资金，加大对创业创新支持力度，强化资金预算执行和监管，加强资金使用绩效评价。支持有条件的地方政府设立创业基金，扶持创业创新发展。在确保公平竞争前提下，鼓励对众创空间等孵化机构的办公用房、用水、用能、网络等软硬件设施给予适当优惠，减轻创业者负担。”以及“落实扶持小微企业发展的各项税收优惠政策。落实科技企业孵化器、大学科技园、研发费用加计扣除、固定资产加速折旧等税收优惠政策。对符合条件的众创空间等新型孵化机构适用科技企业孵化器税收优惠政策。按照税制改革方向和要求，对包括天使投资在内的投向种子期、初创期等创新活动的投资，统筹研究相关税收支持政策。修订完善高新技术企业认定办法，完善创业投资企业享受70%应纳税所得额税收抵免政策”。

2015年，《国务院关于印发推进普惠金融发展规划（2016—2020年）的通知》中提道：“立足公共财政职能，完善、用好普惠金融发展专项资金，重点针对普惠金融服务市场失灵的领域，遵循保基本、有重点、可持续的原则，对普惠金融相关业务或机构给予适度支持。发挥财政资金杠杆作用，支持和引导地方各级人民政府、金融机构及社会资本支持普惠金融发展，更好地保障困难人群的基础金融服务可得性和适用性。落实小微企业和‘三农’贷款的相关税收扶持政策。推动落实支持农民合作社和小微企业发展的各项税收优惠政策。”

2016年，工业和信息化部印发的《工业和信息化部关于进一步推进中小企业信息化的指导意见》中提道：“发挥各级各类中小企业发展专项资金和基金的扶持和引导作用，加大对中小企业信息化建设项目和信息化服务的支持力度。探索通过发放服务券等形式支持服务机构为中小企业提供优质低价的服务。鼓励通过政府和社会资本合作（PPP）等模式，建立和完善中小企业信息化服务平台。落实企业研发费用加计扣除政策，引导中小企业加大信息化投入。鼓励银行业金融机构、融资担保机构等为中小企业信息化建设、中小企业信息化公共服务项目建设提供资金支持和融资担保。有条件的地方设立中小企业信息化专项资金，对具有明显公益特征的信息化项目给予资金扶持。”

2017年，国务院办公厅印发的《国务院办公厅关于建设第二批大众创业万众创新示范基地的实施意见》中提道：“充分发挥国家新兴产业创业投资引导基金、中小企业发展基金作用，支持设立一批扶持早中期、初创期创新型企业的创业投资基金。引导和规范政府设立创业投资引导基金，建立完善引导基金运行监管机制、财政资金绩效考核机制和信用信息评价机制。加快创业投资领域信用体系建设，实现创业投资领域信用记录全覆盖。根据国务院统一部署，支持双创示范基地按照相关规定和程序开展投贷联动、专利质押融资贷款等金融改革试点。落实好创业担保贷款政策，鼓励金融机构和担保机构依托信用信息，科学评估创业者还款能力，改进风险防控，降低反担保要求，健全代偿机制，推行信贷尽职免责制度。研究建立有利于国有企业、国有资本从事创业投资的容错机制。”

2019 年，中共中央办公厅、国务院办公厅印发的《关于促进中小企业健康发展的指导意见》中提道：“改进财税对小微企业融资的支持。落实对小微企业融资担保降费奖补政策，中央财政安排奖补资金，引导地方支持扩大实体经济领域小微企业融资担保业务规模，降低融资担保成本。进一步降低创业担保贷款贴息的政策门槛，中央财政安排资金支持地方给予小微企业创业担保贷款贴息及奖补，同时推进相关统计监测和分析工作。落实金融机构单户授信 1 000 万元及以下小微企业和个体工商户贷款利息收入免征增值税政策、贷款损失准备金所得税税前扣除政策。”

2019 年，科技部印发的《关于新时期支持科技型中小企业加快创新发展的若干政策措施》中提道：“加大财政资金支持力度。通过国家科技计划加大对中小企业科技创新的支持力度，调整完善科技计划立项、任务部署和组织管理方式，对中小企业研发活动给予直接支持。鼓励各级地方政府设立支持科技型中小企业技术研发的专项资金。”

（二）广东省层面

2015 年，广东省人民政府办公厅印发的《广东省人民政府办公厅关于促进小微企业上规模的指导意见》中对小微企业的支持也制定了相关措施，包括如下几点：认真落实税收优惠政策。对于符合条件的小型微利企业，适用减低税率和减半征收企业所得税优惠政策；对中小企业从事技术转让、技术开发业务及相关技术咨询、技术服务业务取得的收入，落实增值税各项税收优惠政策。要加大财政支持力度。省级支持企业发展有关专项资金优先向列为重点培育对象的小微企业倾斜，并重点扶持当年新上规模的企业。对符合条件的企业扩产增效、设备更新、智能化改造等技术改造项目，以及我省重点扶持的战略性新兴产业领域的重点产业化技术改造项目，按规定给予技术改造等专项资金支持，并明确该政策由省财政厅、经济和信息化委、发展改革委、科技厅、商务厅负责。

2019 年，广东省人民政府印发的《关于进一步促进科技创新的若干政策措施》中提道："加大企业创新普惠性支持。进一步降低企业研发成本，在全面执行国家研发费用税前加计扣除 75% 政策基础上，鼓励有条件的地级以上市对评价入库的科技型中小企业增按 25% 研发费用税前加计扣除标准给予奖补。调整优化企业研发财政补助政策，持续激励企业加大研发投入，并适当向粤东西北地区企业倾斜。鼓励有条件的地级以上市对设立时间不超过 5 年、经评价入库的科技型中小企业，按其形成的财政贡献给予一定奖励。对当年通过高新技术企业认定、入库培育、新建研发机构的企业，省市财政给予一定奖励。鼓励各地级以上市建立高成长性科技型企业种子库，提供分类施策和一企一策靶向服务，支持企业在境内外上市。改革省科技创新券使用管理，扩大创新券规模和适用范围，实现全国使用、广东兑付，重点支持科技型中小企业和创业者购买创新创业服务。"

（三）广州市层面

2018 年，广州市科技创新委员会《关于印发广州市高新技术企业树标提质行动方案（2018—2020 年）的通知》中提道："不断夯实高新技术企业培育基础。进一步完善市科技创新小巨人企业库建设，对纳入市科技创新小巨人企业库的企业，由市、区两级财政按照一定的比例（按我市现行财政管理体制分担比例确定），给予每家总额为 20 万元的经费补贴，专项用于企业开展研发、创新能力提升等活动。积极引导我市科技型中小微企业申请进入省高新技术企业培育库培育，落实省高新技术企业培育库政策。省高新技术企业培育库在库企业或由权威第三方机构认定的科技型创新企业，经市科技创新委审核后，可纳入市科技创新小巨人企业库。鼓励入库的科技创新小巨人企业加大研发投入，申请高新技术企业认定，实现'小升高'。曾获得高新技术企业认定的企业，不得申请入库。"

2019 年，广州市科学技术局印发的《广州市建设科技创新强市三年行动计划（2019—2021 年）》中提道："集聚风投创投资本。落实国家创业投资企业和天使投资个人税收优惠政策，加快我市鼓励创业投资促进创新创业发展的若干政策落地。充分发挥市科技成果产业化引导基金作用，带动社会资本投资种子期、初创期科技型中小企业。探索我市国有资本市场化激励机制，研究制定我市政府基金在推动科技金融融合发展、基金'募投管退'等方面的措施。推进风投大厦、新三板大厦、创投小镇、基金小镇、财富小镇等功能区建设。"

二、创新政策

（一）国家层面

2015 年，《国务院关于积极推进"互联网+"行动的指导意见》中提道："强化创业创新支撑。鼓励大型互联网企业和基础电信企业利用技术优势和产业整合能力，向小微企业和创业团队开放平台入口、数据信息、计算能力等资源，提供研发工具、经营管理和市场营销等方面的支持和服务，提高小微企业信息化应用水平，培育和孵化具有良好商业模式的创业企业。充分利用互联网基础条件，完善小微企业公共服务平台网络，集聚创业创新资源，为小微企业提供找得着、用得起、有保障的服务。"

2015 年，《中共科学技术部党组关于落实创新驱动发展战略　加快科技改革发展的意见》发布，其中涉及以下几点"健全企业主导的产学研协同创新机制，提升企业技术创新能力。建立政府与企业创新对话机制，让更多的企业参与科技发展战略、规划、政策和指南制定。支持大中型企业建立健全高水平研发机构，牵头组织实施关键共性技术和重大产品研发项目，引导其加大基础前沿技术研发的投入。激发中小企业创新活力，制定科技型中小企业标准，开展科技型中小企业培育工程试点，完善区域性中小企业技术创新服务平台建设布局，发展壮大一批'科技小巨人'。促进产学研用深度融合，建立产业技术创新联盟，形成市场化、运行规范化、管理社会化的发展机制，支持联盟编制产业技术路线图，承担重大科技项目，制定技术标准，构建产业创新链，提升产业核心竞争力。

2016 年，国务院办公厅印发的《促进科技成果转移转化行动方案》中提道："以创新型企业、高新技术企业、科技型中小企业为重点，支持企业与高校、科研院所联合设立研发机构或技术转移机构，共同开展研究开发、成果应用与推广、标准研究与制定等。围绕'互联网+'战略开展企业技术难题竞标等'研发众包'模式探索，引导科技人员、高校、科研院所承接企业的项目委托和难题招标，聚众智推进开放式创新。市场导向明确的科技计划项目由企业牵头组织实施。完善技术成果向企业转移扩散的机制，支持企业引进国内外先进适用技术，开展技术革新与改造升级。"

2016 年，国务院印发的《〈实施中华人民共和国促进科技成果转化法〉若干规定》中提道："国家鼓励研究开发机构、高等院校通过转让、许可或者作价投资等方式，向企业或者其他组织转移科技成果。国家设立的研究开发机构和高等院校应当采取措施，优先向中小微企业转移科技成果，为大众创业、万众创新提供技术供给。"

2016 年，《国务院办公厅关于加快众创空间发展服务实体经济转型升级的指导意见》中提道："鼓励龙头骨干企业围绕主营业务方向建设众创空间。按照市场机制与其他创业主体协同聚集，优化配置技术、装备、资本、市场等创新资源，实现与中小微企业、高校、科研院所和各类创客群体有机结合，有效发挥引领带动作用，形成以龙头骨干企业为核心、高校院所积极参与、辐射带动中小微企业成长发展的产业创新生态群落。"

2016 年，《工业和信息化部关于进一步推进中小企业信息化的指导意见》中提道：" 鼓励中小企业运用信息技术开展研发设计，提升创新能力，提高产品质量和附加值。进一步推广计算机辅助系统（CAD/CAE/CAPP/CAM）的应用，推广三维及虚拟现实模拟设计方式，支持企业基于数字化模型对产品结构、性能进行仿真与验证分析，推动产品分析优化及试验检验方式变革，缩短产品迭代周期，降低研发设计成本。发挥基于互联网的开放式研发平台作用，集聚研发资源，推广用户参与式的研发设计模式，建立市场反馈机制，及时响应客户需求，提升产品更新改进效率，推动协同研发、产品设计网络化。"

2019 年，科技部印发的《关于新时期支持科技型中小企业加快创新发展的若干政策措施》中提道："加强科技服务机构培育建设。制订出台促进新型研发机构发展的政策举措，开展新型研发机构培育建设试点，引导面向科技型中小企业创新需求开展成果转化与创新服务。在高等学校、科研院所培育建设一批专业化技术转移机构，为科技型中小企业吸纳科技成果提供专业化服务。"

（二）广东省层面

2019 年，广东省政府印发的《广东省促进中小企业知识产权保护和利用的若干政策措施》中提到了要进一步提升中小企业知识产权保护和利用水平，大力支持中小企业创新发展和提质增效。包括促进知识产权交易运营，大力培育知识产权市场，建设省级知识产权交易运营公共服务平台，完善知识产权交易数据库管理。鼓励知识产权交易运营机构重点面向中小企业开展托管、培育和收储服务，创新中小企业知识产权交易运营专业服务和产品，完善提高知识产权未来预期收益的评估方法和体系。建立知识产权交易线上超市，打造贯通线上线下的知识产权综合交易展示平台。降低知识产权创造和应用成本，进一步降低企业研发成本，优化知识产权资助政策，大力推进中小企业专利质量提升工程。引导科技型中小企业参与战略性新兴产业等重点领域研发，推动中小企业与科研机构、高校、知识产权服务机构深度合作，开展高价值专利培育布局，形成高价值专利组合，建立科研成果转化实施体系。提升知识产权服务能力，推进知识产权便利化服务，推广专利电子申请和网上缴费系统，深化商标注册便利化改革。建立专利审查员、商标审查员与中小企业创新促进对接机制。建设知识产权公共服务平台，为中小企业提供查询、检索、统计、分析和预警等公共服务。构建重点产业专利信息数据库，推动商标数据库逐步开放，开展专利、商标信息精准推送。

（三）广州市层面

2017 年，《广州市人民政府办公厅关于促进全市经济技术开发区转型升级创新发展的若干意见》中提道："打造创新创业服务平台。大力支持经济开发区开展科技创新，提高企业研发支出占比，鼓励经济开发区加大对就业创新的支持力度。贯彻落实《广东省人民政府关于推进大众创业万众创新的实施意见》（粤府〔2016〕20号），支持国家级经济技术开发区内孵化器、众创空间和研发机构加快发展。支持中小微企业开展技术创新，推动小微企业做大做强。实施孵化器绩效评价管理，着力提高孵化服务能力，支持科技企业孵化器的业务向前后两端扩展，针对不同发展阶段的科技企业提供差异化服务，满足不同成长阶段企业的孵化需求。大力支持广州科学城国家级双创示范基地建设。"

2018年，《广州市人民政府办公厅关于印发广州市深化"互联网+先进制造业"发展工业互联网行动计划的通知》中提道："促进大中小企业融通发展。推动龙头企业通过工业互联网向产业链上下游企业开放能力和共享资源，通过资源出租、服务提供、产融结合等方式，向产业链上下游中小企业开放数据入口，实现数据信息、计算能力、创新资源共享，带动中小企业开展应用创新。鼓励大中小企业跨界融合、优势互补，实现多维度、深层次、嵌合式融通发展，形成智能化生产、网络化协同、个性化定制、服务化延伸等新模式。"

三、孵化器政策

（一）国家层面

2019年，科技部印发的《关于新时期支持科技型中小企业加快创新发展的若干政策措施》中提道："完善创新创业孵化体系建设。加强专业化众创空间在重点地区和细分领域的梯次布局，推动专业化众创空间提升服务能力，在若干行业领域推动建立专业孵化器联盟，支撑科技型中小企业培育孵化。"

（二）广东省层面

2015年，广东省科学技术厅、广东省财政厅制定的《关于科技企业孵化器后补助试行办法》中提到以下内容：孵化器后补助政策实施实行省市联动原则，孵化器在获得所在地级以上市（含顺德区）政府相关补助的前提下，可以申请省财政孵化器后补助。符合有关规定的孵化器可享受新增孵化面积补助、运营成效优良奖励等后补助政策。上一年度获得地级以上市（含顺德区）新增孵化面积补助的孵化器，省财政再按不超过市级（含顺德区）补助额的50%给予后补助，每家最高不超过200万元。已经享受省财政新增孵化面积补助的孵化场地，不得重复申请补助。省级科技行政部门建立孵化器运营评价指标体系，对自愿参与评价的孵化器进行评价，并根据孵化器发展实际情况调整和完善孵化器运营评价指标体系。各孵化器自愿向省级科技行政部门申请运营绩效评价，参与有关评价活动；以促进创新创业和促进产业转型升级为目标，以优化孵化环境和提升孵化服务能力为导向；以定量评价为主，按照定性与定量、总量与比值相结合的方式，对孵化器的运营绩效进行客观评价。省级科技行政部门对孵化器运营评价结果进行发布。孵化器运营评价结果分为A、B、C三个等级，各等级具体比例由当年参加评价的孵化器数量和后补助资金规模确定。新获得国家级科技企业孵化器资质认定的孵化器，当年评价列为A等级。评价结果珠三角地区为A等级，粤东西北地区为A、B等级的孵化器，并获得地级以上市（含顺德区）财政补助的，省财政按照不超过市级（含顺德区）财政补助额的50%给予补助。

2018年，《广东省人民政府关于强化实施创新驱动发展战略进一步推进大众创业万众创新深入发展的实施意见》中提道："构建全链条创新创业孵化育成体系。实施孵化育成体系提质增效行动，加快构建'众创空间－孵化器－加速器－科技园'全链条孵化育成体系。大力建设专业孵化器群，引导孵化器、众创空间建立专业化服务体系，支持骨干企业、高校、科研院所围绕细分领域建设平台型众创空间。推动创业投资机构与孵化器、众创空间全面对接，实现全省孵化器和众创空间科技金融服务的'全覆盖'。深入实施省科技企业孵化器、众创空间后补助试行办法，支持创投孵化器享受科技企业孵化器的相应扶持政策。开展全省大型骨干企业'双创'示范建设，制造业企业利用存量工业房产发展生产性服务业以及兴办创客、创新工场等众创空间的，可在5年内继续按原用途和土地权利类型使用土地，5年期满涉及转让需办理相关用地手续的，可按新用途、新权利类型及市场价以协议方式办理。"

（三）广州市层面

2015 年，广州市人民政府办公厅印发的《广州市人民政府关于加快科技创新的若干政策意见》中提道："完善科技企业孵化器建设用地政策。各地级以上市根据自身发展实际需求，在符合土地利用总体规划、城乡规划和产业发展规划的前提下，每年可安排一定比例的全市计划用地作为科技企业孵化器建设用地。利用新增工业用地开发建设科技企业孵化器，可按一类工业用地性质供地。工业用地建设的科技企业孵化器，在不改变科技企业孵化服务用途的前提下，其载体房屋可按幢、层等有固定界限的部分为基本单元进行产权登记并出租或转让。"

2019 年，广州市人民政府印发的《关于进一步加快促进科技创新政策措施》中提道："放宽科技创新设施用地限制。通过'三旧'改造建设重大科技基础设施、省实验室、高新技术企业，以及新型研发机构、科技企业孵化器和众创空间，在满足基础设施承载能力前提下，依法适当放宽地块容积率限制，缩短规划审批时间，提高规划审批效率。"

四、人才政策

（一）国家层面

2016 年，《工业和信息化部关于进一步推进中小企业信息化的指导意见》中提道："创新人才培养机制，支持建立多元主体、多种机制的中小企业信息化人才培养体系。支持行业协会、高校、科研院所及专业服务机构提供信息化人才交流、远程教育、创业创新辅导和培训服务。组织开展中小企业信息化人才培养专项工作，细化培训内容、创新培养方式、强化培训效果，加强信息化人才队伍建设。积极开展各类信息化体验活动，提高对信息化新理念、新应用的认识和应用水平，为中小企业培养一批信息化专业人才。"

2017 年，《国务院办公厅关于建设第二批大众创业万众创新示范基地的实施意见》中提道："完善人才激励政策。鼓励双创示范基地研究制定'柔性引才'政策，吸引关键领域高素质人才。完善各类灵活就业人员参加社会保险的管理措施，制定相应的个人申报登记、个人缴费和资格审查办法。对首次创办小微企业或从事个体经营并正常经营1年以上的高校毕业生、就业困难人员，鼓励双创示范基地开展一次性创业补贴试点工作。探索适应灵活就业人员的失业、工伤保险保障方式，符合条件的可享受灵活就业、自主创业扶持政策。"

2019年，科技部印发的《关于新时期支持科技型中小企业加快创新发展的若干政策措施》中提道："强化'一带一路'合作交流。探索开展'一带一路'产权交易与技术转移相关工作，为更多科技型中小企业与'一带一路'沿线国家开展科技合作营造良好的环境。""加强国际人才交流对接。优先支持科技型中小企业参与'国际杰青计划'，帮助科技型中小企业与相关领域外国青年人才进行对接。支持科技型中小企业选派专业技术人才参加中长期出国（境）培训。"

（二）广东省层面

2019年，广东省人民政府办公厅印发的《广东省促进中小企业知识产权保护和利用的若干政策措施》中提道："加强知识产权学历教育和在职教育，支持知识产权培训基地、知识产权学院开展职业化知识产权人才培养。面向中小企业领军人才、管理人才、实务人才和创新创业人才开展多层次、精准化知识产权业务培训，提升企业对知识产权制度的运用能力，增强企业的维权意识和自律意识。实施中小企业常年知识产权顾问、知识产权经理人培养计划，组织开展知识产权经理人交流活动，促进企业掌握和运用知识产权相关法律法规和管理标准。实施知识产权服务业人才培训计划，培育一批高素质、复合型知识产权服务业人才。"

（三）广州市层面

2017年，中共广州市委、广州市人民政府印发的《关于促进民营经济发展的若干措施》中提道："支持民营企业人才培养引进。对入选国家高层次人才特殊支持计划、广东省珠江人才计划以及广州市产业领军人才聚集工程等的民营企业人才，给予资助、补贴和奖励。将民营企业人才纳入广州市‘菁英计划’公派留学项目、‘岭南英杰工程’项目等高层次人才培养范围；制定基础人才分类住房保障办法，经认定后的民营企业人才享受人才公寓、租房补贴等住房保障服务。对经认定的行业紧缺专业技术工人，给予一次性奖励。”

五、融资政策

（一）国家层面

2015 年，国务院印发的《国务院关于积极推进“互联网 +”行动的指导意见》中提道：“完善融资服务。积极发挥天使投资、风险投资基金等对‘互联网 +’的投资引领作用。开展股权众筹等互联网金融创新试点，支持小微企业发展。支持国家出资设立的有关基金投向‘互联网 +’，鼓励社会资本加大对相关创新型企业的投资。积极发展知识产权质押融资、信用保险保单融资增信等服务，鼓励通过债券融资方式支持‘互联网 +’发展，支持符合条件的‘互联网 +’企业发行公司债券。开展产融结合创新试点，探索股权和债权相结合的融资服务。降低创新型、成长型互联网企业的上市准入门槛，结合证券法修订和股票发行注册制改革，支持处于特定成长阶段、发展前景好但尚未盈利的互联网企业在创业板上市。推动银行业金融机构创新信贷产品与金融服务，加大贷款投放力度。鼓励开发性金融机构为‘互联网 +’重点项目建设提供有效融资支持。”

2016 年，国务院印发的《国务院关于积极稳妥降低企业杠杆率的意见》中提到：“加快完善全国中小企业股份转让系统，健全小额、快速、灵活、多元的投融资体制。研究全国中小企业股份转让系统挂牌公司转板创业板相关制度。规范发展服务中小微企业的区域性股权市场。支持区域性股权市场运营模式和服务方式创新，强化融资功能。”

2016 年，《工业和信息化部关于进一步推进中小企业信息化的指导意见》中提道：“推动互联网金融应用，发挥网络借贷和股权众筹高效便捷、对象广泛的优势，满足小微企业小额、快速融资需求。鼓励信贷机构依托电子商务、供应链管理平台构建多元化的小微企业信用信息收集渠道，支持其依据大数据发放小微企业信用贷款。引导中小企业拓宽融资渠道，依托应收账款融资服务平台开展应收账款质押等动产融资业务。鼓励发展投融资公共服务平台，集聚各类金融机构和担保、评估、私募等融资服务机构，为小微企业提供金融产品推介、信用评级、融资培训、银企对接等专业服务，提高市场资源配置效率。”

2017 年，《国务院办公厅关于推广支持创新相关改革举措的通知》中提道：“以关联企业从产业链核心龙头企业获得的应收账款为质押的融资服务；面向中小企业的一站式投融资信息服务；贷款、保险、财政风险补偿捆绑的专利权质押融资服务。”

2018 年，国务院印发的《国务院关于推动创新创业高质量发展打造“双创”升级版的意见》中提道：“完善创新创业差异化金融支持政策。依托国家融资担保基金，采取股权投资、再担保等方式推进地方有序开展融资担保业务，构建全国统一的担保行业体系。支持保险公司为科技型中小企业知识产权融资提供保证保险服务。完善定向降准、信贷政策支持再贷款等结构性货币政策工具，引导资金更多投向创新型企业和小微企业。研究开展科技成果转化贷款风险补偿试点。实施战略性新兴产业重点项目信息合作机制，为战略性新兴产业提供更具针对性和适应性的金融产品和服务。”

2018 年，财政部、工业和信息化部联合印发的《财政部、工业和信息化部关于对小微企业融资担保业务实施降费奖补政策的通知》中提出如下措施：中央财政在 2018 – 2020 年每年安排资金 30 亿元，采用奖补结合的方式，对扩大小微企业融资担保业务规模、降低小微企业融资担保费率等政策性引导较强的地方进行奖补，而且主要选择以小微企业业务为主的政策性融资担保机构的相关数据作为分配依据，小微企业是指符合工业和信息化部、国家统计局等部门联合制发的《中小企业划型标准规定》的小型企业、微型企业，不包括房地产行业、金融服务行业和投资（资产）管理类、地方政府投融资平台类、地方国有企业资本运营平台类企业。

2019 年，国务院办公厅印发的《关于有效发挥政府性融资担保基金作用切实支持小微企业和“三农”发展的指导意见》中提出以下内容：要切实降低小微企业和‘三农’综合融资成本。各级政府性融资担保、再担保机构要在可持续经营的前提下，适时调降再担保费率，引导合作机构逐步将平均担保费率降至1%以下。其中，对单户担保金额500万元及以下的小微企业和‘三农’主体收取的担保费率原则上不超过1%，对单户担保金额500万元以上的小微企业和‘三农’主体收取的担保费率原则上不超过1.5%。

2019年，国务院办公厅印发的《关于加强金融服务民营企业的若干意见》中提道："加大直接融资支持力度。积极支持符合条件的民营企业扩大直接融资。完善股票发行和再融资制度，加快民营企业首发上市和再融资审核进度。深化上市公司并购重组体制机制改革。结合民营企业合理诉求，研究扩大定向可转债适用范围和发行规模。扩大创新创业债试点，支持非上市、非挂牌民营企业发行私募可转债。抓紧推进在上海证券交易所设立科创板并试点注册制。稳步推进新三板发行与交易制度改革，促进新三板成为创新型民营中小微企业融资的重要平台。支持民营企业债券发行，鼓励金融机构加大民营企业债券投资力度。"

2019年，科技部印发的《关于新时期支持科技型中小企业加快创新发展的若干政策措施》中提道："拓展企业融资渠道。开展贷款风险补偿试点，引导银行信贷支持转化科技成果的科技型中小企业。加强科技金融结合试点工作，加快推进投贷联动、知识产权质押、融资租赁等。实施‘科技型中小企业成长路线图计划2.0’，为优质企业进入‘新三板’、科创板上市融资提供便捷通道。"

（二）广东省层面

2019年，广东省人民政府办公厅印发的《广东省促进中小企业知识产权保护和利用的若干政策措施》中提道："充分发挥知识产权的增信增贷作用，鼓励银行广泛开展知识产权质押融资业务，支持银行开发和完善知识产权质押融资产品，适当提高对小微企业贷款不良率的容忍度。建立完善知识产权质押融资风险分担及补偿机制，借助科技风险准备金池，分担一定比例的中小企业知识产权质押投融资风险。探索建立知识产权质押融资担保机制，推广知识产权保险，鼓励开展同业担保、供应链担保等业务。完善企业和金融机构需求对接机制，建立企业知识产权投融资项目数据库和知识产权市场价值评估体系。引导企业加强知识产权组合运用，推动专利、商标等知识产权资产混合质押。”

2019 年，广东省人民政府印发的《关于进一步促进科技创新若干政策措施》中提道：“促进科技金融深度融合。建立企业创新融资需求与金融机构、创投机构信息对接机制，向金融机构、创投机构开放高新技术企业、科技型中小企业和承担省重点领域研发计划项目企业融资需求相关信息。鼓励银行开展科技信贷特色服务，创新外部投贷联动服务模式，加大对科技型中小企业的信贷支持力度，省财政按其实际投放金额予以一定奖补。省财政与有条件的地级以上市联动设立当地科技风险准备金池，对金融机构开展科技型中小企业贷款和知识产权质押投融资业务发生的损失，给予一定比例的风险补偿，促进解决民营科技型中小企业融资难、融资贵问题。”

2019 年，广东省地方金融监管局、省工业和信息化厅、人民银行广州分行、广东银保监局、广东证监局联合印发的《广东省支持中小企业融资的若干政策措施》中表示：为深入贯彻落实习近平总书记在民营企业座谈会上的重要讲话精神，根据中共中央办公厅、国务院办公厅《关于加强金融服务民营企业的若干意见》和《关于促进中小企业健康发展的指导意见》，进一步深化金融供给侧结构性改革，增强金融服务实体经济的能力，有效破解广东中小（民营）企业（以下简称中小企业）融资难、融资贵、融资慢问题，结合广东实际，制定如：建立中小企业信用评价体系，破解中小企业信息不对称难题政策；减轻间接融资对抵押的过度依赖，疏通中小企业融资堵点；发展多层次资本市场体系，拓宽中小企业直接融资渠道等众多政治措施，并鼓励驻粤金融监管部门、全国性金融机构在粤分支机构全面适用该政策。

（三）广州市层面

2016 年，广州市人民政府印发的《广州市构建现代金融服务体系三年行动计划（2016—2018 年）》中提道：“建设创新创业金融街（园区）。在广州民间金融街、互联网金融基地及白云区等小微企业创新发展活跃的区域，建设一批创新创业金融街（园区），重点集聚与创新创业密切相关的私募股权投资机构，以及互联网股权众筹平台、网络小额贷款、网络金融超市、网络金融大数据挖掘和评估、企业信用评价、信用增级等互联网金融从业机构。”

2019 年，广州市人民政府办公厅印发的《关于促进广州绿色金融改革创新发展的实施意见》中提道：“创新绿色保险产品经营模式。加大环境污染强制责任保险推广应用力度。鼓励保险机构针对生态农业、特色产品等开展保险产品创新。在开展政策性小额贷款保证保险试点中，鼓励保险公司和银行机构优先对符合条件的绿色农业企业、科技企业、小微企业或农业种植大户和城乡创业者给予支持。由政策性小额贷款保证保险资金对符合条件的借款人给予贷款本金 1% 的保费补贴，对不良贷款引发的赔款支出按规定给予保险公司补偿。”

第二节　国外的政策及启示

由于国外专门针对科技型小微企业的政策较少，因此本章主要梳理了发展较为成熟和发展前景较好的国家支持科技型中小企业发展的政策，并指出上述政策对我国支持科技型小微企业发展的启示。

一、科技型中小企业发展较为成熟国家的政策

当前科技型中小企业发展较为成熟的国家主要有美国、德国和韩国，这三个国家的支持政策主要体现在以下几个方面。

（一）成立专门的服务机构

美国有国会小企业委员会、白宫小企业委员会和小企业管理局三个部门进行配合与协调，共同促进科技型中小企业的发展。三个部门中小企业管理局是核心，下设各类机构，以这种方式形成一个网络结构，影响全国。小企业管理局的具体职能体现为向科技型中小企业提供管理、培训和技术支持，同时向企业提供资金，并具有对其进行宣传的义务。德国也有着和美国小企

业管理局类似的部门，在德国称之为中小企业管理局，此部门主要负责科技型中小企业发展计划、相应政策的制定和实施以及对企业管理人员的培训；与此同时，也负责对科技型中小企业产品质量的监督和处罚。此部门的主要职责还体现为收集和统计科技型中小企业对政府相关政策和事务的批评和建议，并及时上报给政府，便于对政策和事务进行及时调整和修正。韩国的科技型中小企业发展之所以迅速，是因为建立了以政府为核心、各个服务和扶持机构并存的科技型中小企业服务体系。在这个体系下，各种政策和措施得以顺利颁布和实施，并及时得到反馈，相关部门对存在的问题能够及时纠正和补充。①

（二）健全法律保障体系

美国专门针对促进科技型中小企业发展颁布多项法律法规，形成了较为健全的法律体系，完善的法律体系可以保障中小企业的健康发展。颁布的法律法规具体包括《联邦技术转移法》《小企业投资法》《小企业经济政策法》《小企业创新发展法》《机会均等法》《小企业出口扩大法》《加强小企业研究与发展法》等，从资金、技术、就业、投资等不同方面为中小企业提供支持，为科技型中小企业的发展提供良好的法律环境。德国政府颁布了《关于提高中小企业的新行动纲领》《标准化法》《商法典》《民法典》《中小企业法》《反限制竞争法》等，为科技型中小企业的发展提供了公平的法律环境。韩国也先后出台了一系列法律法规来促进科技型中小企业的发展，在颁布了《中小企业支援法》和《中小企业法》后，又出台了《关于中小企业产品采购及销路支援的法规》《中小企业人力资源支援特别法》《促进中小企业事业转型特别法》《中小企业创业支援法》《中小企业振兴法》《中小企业技术革新促进法》《中小企业协同组合法》等。②

---

① 王有志，梅伟，洪青．国外促进中小企业自主创新措施经验及对江苏的启示［J］．科技管理研究，2011（31）7：70－74.

② 张弛，臧晶莹，徐佳慧．国外促进小微企业创新发展的经验与启示［J］．党政干部学刊，2015（12）：68－71.

（三）制定金融支持政策

科技型中小企业融资难是一个世界性的问题，各国政府对科技型中小企业的融资问题都很重视，美国政府专门创立了纳斯达克股票市场，刺激和鼓励科技型中小企业通过上市进行融资。另外，美国政府通过国会小企业委员会、白宫小企业委员会和小企业管理局三个部门为科技型中小企业提供财政支持及担保。德国政府主要通过金融机构对科技型中小企业提供融资帮助，和美国有所区别的是，德国并不直接提供财政补贴。德国政府主要通过德国复兴信贷银行等金融机构对科技型中小企业进行资金扶持。对能够为科技型中小企业提供贷款的银行给予利息补贴，同时为科技型中小企业贷款提供担保，并制定优惠的政策鼓励金融机构直接向科技型中小企业提供贷款。政府还成立了专门的贷款基金，向审查合格的科技型中小企业提供低于市场利率2%～2.5%的低息贷款，确保科技型中小企业的融资能够顺利完成。韩国政府主要通过向各大商业银行提供优惠政策，减少银行向科技型中小企业提供贷款的风险，增加银行的收益，以便鼓励银行向科技型中小企业提供贷款。韩国政府也直接向科技型中小企业提供资金和信用担保，包括政策性贷款和信用担保计划。还通过创立高斯达克科技股票市场，支持科技型中小企业上市融资。最后建立创业投资基金，20世纪90年代，韩国政府投资一万亿韩元创立投资基金，专门为科技型中小企业提供资金支持。①

（四）制定技术创新支持政策

产品和技术创新是科技型中小企业的基本特征，也是经济持续发展的根本保证。对此，美国政府高度重视，也给予了大力扶持。美国政府通过小企业管理局帮助科技型中小企业获得政府的技术开发合同，对科技型中小企业进行技术扶持和技术转移。大力推行科技型中小企业创新计划，鼓励和激励企业开展高新技术研发，并邀请科技型中小企业参与政府的研究项目，在各大高校和研究院专门设立机构，为科技型中小企业提供技术咨询和技术指导。

---

① 张会彪．国外支持小微企业的财政金融政策［J］．黑龙江金融，2012（10）：37－39．

在经费方面，由政府直接拨款，支持科技型中小企业的技术创新。德国政府对于技术创新也相当重视，德国政府先后成立了180多个技术研究协会，帮助科技型中小企业进行技术研发和提升创新能力。为了鼓励和刺激企业进行创新，政府制定了众多计划，例如，“支持东部地区建立中小型技术企业的FUTOUR计划”“支持中型企业和研究机构合作计划”“促进小型高技术企业创新风险投资计划”等。政府为此还专门设立了小型技术企业参与基金为科技型中小企业提供创新资金。同时政府建立了信息中心，为科技型中小企业提供全球性的信息服务，并支持科研机构和科技型中小企业合作，共同研发新技术和新产品。韩国政府也为科技型中小企业制定了一系列技术创新扶持政策，例如为科技型中小企业设立技术开发风险基金，增加扶持科技型中小企业研发的政府预算，对高科技产业提供特别贷款。同时，韩国政府特别重视科技人才的培训，为此专门创办了中小企业大学，为科技型中小企业的技术人员提供技术培训。①

（五）制定税收优惠政策

为了让小微企业有足够的资金投入技术与产品的创新中，美国政府在税收上积极帮小微企业减负。美国是按个人所得税率征收小微企业的企业所得税。美国个人所得税体系复杂，包括联邦个人所得税、州个人所得税和地方个人所得税，其中以联邦个人所得税为主。个税征收采取超额累进税率，分别适用税率10%、15%、27%、30%、35%和38.5%。按照个人的婚姻情况和实际负担程度设置不同的申报类别。小微企业的业主可以根据自己的实际情况选择个税申报的类别。值得关注的是，业主的收入没有达到起征点时也要报税，但不是为了缴税，而是为了“退税”，凡是未达到当地人均年收入水平的业主，都可以申请政府补贴。为了缓解科技型中小微企业的资金压力，政府对科技型小微企业实施6个月的延期纳税和加速折旧政策。为鼓励科技型中小企业进行科技创新，自1954年以来，美国税收法典就规定研发费用可

① 吴田. 促进科技型中小企业的国际政策比较研究［J］. 湖南第二师范学院学报，2015，32（7）：36－39.

由企业选择一次性扣除或作资本化处理，若当年的研发费用超过过去 3 年平均数的 25%，则可在当年应纳税额中抵免，并规定：凡购买用于研发且年限超过 5 年的新机器设备，其购入价格的 10% 可直接抵扣当年的应付税款。同时为了鼓励产学研合作，美国联邦政府规定：科技型中小微企业委托大学或科研机构进行基础性研究，可以根据合同支付研究费用的 65% 从所得税中抵免，这些措施都极大地促进了美国的科技进步。德国政府的主要做法是降低了科技型中小企业所得税率的上、下限，并对科技型中小企业营业税设置较高的起征点，对符合条件的科技型中小企业免征营业税，科技型中小企业的固定资产折旧率较其他企业高出 10%，进而增加科技型中小企业的成本总额，以减少科技型中小企业的税收。韩国政府对于新办的科技型中小企业前 6 年免税，前 4 年法人税减半，对于一般的科技型中小企业只收取正常税收的 22%，对于高科技型的中小企业提供机器设备租赁免税，对于应用于研发的高科技技术资产，免征 7% 的税金。

此外，英国和法国等国家的税收优惠政策也值得借鉴。英国政府对小微企业实行低税率。英国的《科技创新信托法案》中明确指出支持科技型小微企业融资，对向科技创新信托基金投资的个人实行税收优惠政策，对持有 5 年以上科技创新信托基金股份的个人，可按其投资额的 20% 抵减个人所得税；对科技创新信托基金的分红不征税；对科技创新信托基金股份的出售所得免征资本利得税。法国政府对新建小微企业免征 3 年所得税，某些地区期满后仍享受减半的税收优惠，规定 1985 年以后凡研发费用增加的企业，可以免缴研发费用增加额 50% 但不超过 500 万法郎的企业所得税，并对小微企业实行 8 个月的纳税宽限期。小微企业的固定资产折旧率较其他企业高出 20%，用于研发活动的新设备、新工具，可实行加速折旧。个人风险投资公司对小微企业进行投资给予特别的免税优惠。法国政府规定：小微企业出让技术取得的技术转让收入，若符合规定，则作为长期资本利得按 19% 的税率征税（标准税率为 33.33%）。个人技术转让所得也视同长期资本利得，按 16%（若包括社会保障税，税率为 18.4%）的低税率征税。国外对科技型中小企业实施税收优惠政策，其本质也是对科技型中小企业创新发展进行资金支持。[①]

（六）制定政府补贴政策

在政府补贴政策方面，国外普遍的做法是设立针对科技型小微企业的政府专项计划、专项基金资助或给予财政补贴，如美国的小企业创新研究计划专门服务于科技型中小微企业。美国联邦政府规定了针对小型劣势企业、妇女和残疾退伍军人拥有的小企业、落后地区小企业的政府采购法定比例，且由小企业管理局成立政府采购办公室监督执行，未达标者需提交辩解书和整改计划书。同时，美国对于具有潜在商业价值、前期开发费用巨大、一般私人企业不愿投入的科学研究项目，由政府先出资进行前期开发，开发出来后再以优惠价格卖给小微企业，降低小微企业的研发风险。美国国会还专门通过了《政府专利政策法》与《联邦技术转移法》，从法律上对科技型中小企业的发展予以支持。德国政府专门制定了促进新联邦州中小企业创新的措施和优惠政策，为新联邦州工商业领域的中小企业提供科研补贴，补贴最高为企业科研投入的45%，上限为37.5万欧元，很多刚起步的德国企业因此发展成为当地的经济支柱企业。韩国中小企业厅颁布创业扶持政策，鼓励更多企业发展成为具有国际竞争力的世界级“明星企业”，并提供补贴。为了让更多创业者把目光转向海外，政府大幅提高相关援助资金，同时扩大风险企业的援助范围，一改以往以创业初期企业（创业3年内）为主，把援助范围扩大至创业3~7年的“腾飞期企业”。此外日本的政策也值得借鉴，日本构建了地方与政府双重担保模式，其中，设在地方的信用担保协会对小微企业提供信用担保服务，然后由政府全额出资的小微企业信用保险公库对担保协会进行再担保，这种双重担保模式大大提升了小微企业的担保能力。[②]

① 张会彪．国外支持小微企业的财政金融政策措施及对我国的借鉴与启示［J］．黑龙江金融，2012（10）：37－39．

② 郑春美，许玲玲，胡肖夫．国外促进科技型小微企业发展措施及对中国的启示［J］．科技进步与对策，2013，30（18）：68－70．

二、发展前景较好国家的政策

目前科技型中小微企业发展前景较好的国家为俄罗斯、巴西和印度，这些国家对科技型中小企业的支持政策主要有制定金融支持政策和税收优惠政策。由于当前我国科技型小微企业发展前景较好，因此这类国家的政策对于我国具有较大的参考价值。

（一）制定金融支持政策

俄罗斯储蓄银行在2014年把对中小企业的贷款总额提高了两倍，达到3.6万亿卢布。巴西政府鼓励小微企业进行小额信贷，并且推行针对生产部门的新小额信贷政策，规定用于生产的小额信贷，金融机构最多收取3%的小额信贷利息；金融机构提供的小额信贷不得低于存款总额的2%。印度政府颁布了对中小企业及附属企业延迟付款利息法案。印度储备银行对到期贷款超过6个月未还、上一会计年度现金流失累计占现金总量50%的小企业发布了全套贷款指南，还对其提供监控和恢复措施。此外南非政府的做法也值得借鉴，南非政府组建了小型企业金融服务机构，通过银行信贷、金融零售机构信贷以及直接信贷等方式，为南非小微企业从事制造业、基础设施建设业的企业提供贷款和融资服务。①

（二）制定税收优惠政策

俄罗斯将利润税、销售税、财产税、社会税和增值税合并简化为小微企业收入统一税，将小微企业的纳税额降低了一半左右。巴西将研究与试验发展费用（R&D费用）视作资本性支出，在不少于5年内摊销，但计算机企业可享受其R&D支出50%的所得税减免，用于R&D的仪器、设备可免征工业产品税，用于R&D的新机器设备可采用加速折旧，为R&D取得无形资产所

① 张会彪. 国外支持小微企业的财政金融政策措施及对我国的借鉴与启示［J］. 黑龙江金融，2012（10）：37－39.

支付的费用在发生当年全额抵扣。巴西开发了小微企业赋税支付整合系统，加入整合系统的小微企业，每月一次性缴纳企业所得税、社会一体化计划费、社会保障税、工业产品税和社会保险金，既减轻了小微企业的税收负担，也大大简化了申报和缴纳环节。印度允许 R&D 费用全额扣除，但不包括土地成本。小微企业营业前 3 年发生的与科学研究有关的薪金支出、原材料支出可在规定限额内扣除，支付给国家指定的实验室、大学或研究机构，并指定用于经批准的科研项目的支出，允许按 125% 超额税前扣除。

三、对我国科技型小微企业的政策启示

通过对上述国家政策的梳理，不难发现，以上国家的政策具有共同的特征，有完善的法律基础，以政府为主导来构建科技型中小企业的服务体系；在财政、金融、税收等方面，政府都对科技型中小企业给予直接或间接的帮助和扶持；设有专门的中小企业管理机构；实施了一系列的科技创新发展计划。通过对国际上相关政策的分析，并结合我国的实际国情，本章提出了促进我国科技型小微企业发展的几点政策启示。

（一）健全社会服务体系

从我国的实际情况来看，科技型小微企业的服务体系应涵盖创业辅导、信息化建设、公共技术服务等，要让社会服务体系发挥真正的作用，一方面要聘请专业的管理人员来管理服务机构，提升服务人员的素质，扩大服务人员队伍，从而适应日益增多的咨询服务与辅导的需要；另一方面应加大信息化建设和公共技术服务的投入，以便为科技型小微企业提供更多的专业服务。

（二）完善财税支持政策

加大财政资金的投入是科技型小微企业发展的重要保证。为了加大对科技型小微企业的扶持力度，政府相关部门先要加大财政资金投入，最大限度发挥资金的效用，并加强对资金使用效率的考核，进一步扶持科技型小微企业的成长。与此同时，还应完善税收优惠政策，减轻科技型小微企业的税收

负担，支持其良性发展。

（三）完善融资政策

首先应设立专门的科技金融机构，系统出台促进科技型小微企业发展的融资政策。其次应完善科技型小微企业的信用担保体系以及科技型小微企业的直接融资体系，支持优质的科技型小微企业采用信用融资。最后要协调好银企关系，加大银行对科技型小微企业的贷款投放力度，积极组织科技型小微企业利用集合性债权融资方式，发挥股权投资基金和创业投资基金对科技型小微企业的支持。

（四）加大财政补贴力度

我国已设立的科技型中小企业技术创新基金对支持科技型小微企业的发展发挥了重要作用，同时应进一步扩大基金规模，例如允许养老金管理部门、保险机构、风险投资机构等参与此基金，以便更多的科技型小微企业可以享受该基金的资助。对于创办科技型小微企业的科技人员，可以由财政部门提供部分创业启动资金。并鼓励科技型小微企业通过参与国家科技计划获得更多的财政补贴和税收优惠，加大对科技型小微企业的支持力度。

第四章
广州市科技型小微企业问卷调查

本章在对理论、文献和国内外政策进行梳理的基础上，通过设计调查问卷的形式，对广州市科技型小微企业进行调查，以便了解广州市科技型小微企业的成长现状以及存在的困境等。

第一节 调查对象

一、调查地——广州市

广州市是国家中心城市和国际贸易中心，是改革开放以来我国实现历史性变革、取得历史性成就的一个生动缩影。广州市每年举办的“中国进出口商品交易会”吸引了大量客商、外资企业甚至世界“500强”企业的到来。广州市作为粤港澳大湾区、泛珠江三角洲经济区的中心城市，对带动广东省和周边地区经济的发展发挥了重要的作用。同时，截至2018年底，广州市的国家高新技术企业达1.1万家，总量居全国第三，[①] 为此，将“广州市”作为

---

① 何涛、耿旭静. 去年广州民营经济增加值9 100多亿［EB/OL］. 大洋网，https：//news.dayoo.com/guangzhou/201904/05/139995_52530479.htm，2014-04-05.

调研的区域具有代表性和重要借鉴意义。

二、调查重点——科技创新

自改革开放以来，从中国改革开放总设计师邓小平提出“科学技术是第一生产力”,[①] 到习近平总书记提出“创新是引领发展的第一动力”,[②] 创新已成为我国经济不断发展的动力。科技创新更是促进我国经济持续发展的关键，将科技创新作为调研重点具有时代意义和调研价值。

三、调研类型——小微企业

小微企业因其规模小，面临的困境更多。融资难、抵御风险的能力有限等阻碍小微企业的进一步发展。小微企业正以微小的规模面对不小的困境，要促进小微企业的良性发展，需要多方协作，因此分析小微企业的成长过程刻不容缓，将小微企业作为调研的类型具有及时性和现实意义。

“广州”“科技创新”“小微企业”既是本次调研的关键词，也是我国经济发展的关键点，为此，本书对广州市科技型小微企业进行问卷调查和走访调研，希望可以为广州市科技型小微企业的成长提出有效的建议和对策，为政府相关部门制定政策提供借鉴。

第二节　调查内容

广州市科技型小微企业的成长与政府、社会和企业内部等有着密切的关联，本次调研的问题指向主要聚焦在以下几个方面。

---

① 奚洁人．科学发展观百科辞典［M］．上海：上海辞书出版社，2007．

② 人民日报评论员．增强创新这个引领发展的第一动力——论学习贯彻习近平总书记在科学家座谈会上重要讲话［EB/OL］．人民网，http：//theory．people．com．cn/n1/2020/0913/c40531－31859180．html，2020－09－13．

一、广州市科技型小微企业“特殊性”的成长环境

广州市科技型小微企业的成长面临什么特殊的环境，这种环境是有利于广州市科技型小微企业的成长还是阻碍企业的成长？对这些问题的剖析需要先较为全面地对广州市科技型小微企业的成长环境与过程进行调研，从而得出客观的判断。

二、广州市科技型小微企业“关键性”的成长要素

广州市科技型小微企业多处于初创期或成长期，在企业发展过程中，有哪些要素制约着企业的成长？关键性的要素是什么？对这些问题的研究需要先开展扎实的调查。

三、广州市科技型小微企业“创新性”的成长机制

广州市科技型小微企业的成长影响因素是什么？如何从内生要素和外生要素两个方面构建广州市科技型小微企业成长作用机制，如何提出优化对策，包括广州市科技型小微企业需要什么形式的融资渠道，需要怎样的政府扶持，以解决广州市科技型小微企业的成长困境，这些都需要基于问卷调查结果进行分析。

第三节　调查方法

一、调查方法类型及比较

问卷调查法也称问卷法，是调查者运用统一设计的问卷向被选取的调查

对象了解情况或征询意见的调查方法。问卷调查是以书面提出问题的方式搜集资料的一种研究方法。研究者将所要研究的问题编制成问题表格，以邮寄方式、当面作答方式或者追踪访问方式填答，从而了解被调查对象对某一现象或问题的看法和意见，所以又称问题表格法。问卷法的运用，关键在于编制问卷、选择被调查对象和对结果进行分析。按照问卷填答者的不同，调查可分为自填式问卷调查和代填式问卷调查。其中，自填式问卷调查按照问卷传递方式的不同，可分为报刊问卷调查、邮政问卷调查和送发问卷调查；代填式问卷调查按照与被调查者交谈方式的不同，可分为访问问卷调查和电话问卷调查。

（一）自填式问卷调查

自填式问卷调查中的报刊问卷调查范围很广，调查对象很难控制和选择，代表性差，影响回答的因素无法了解、控制和判断，回复率很低，回答质量较高，投入人力较少，调查费用较低，调查时间较长；自填式问卷调查中的邮政问卷调查范围较广，调查对象有一定程度控制和选择，但回复问卷的代表性难以估计，影响回答的因素难以被了解、控制和判断，回复率较低，回答质量较高，投入人力较少，调查费用较高，调查时间较长；自填式问卷调查中的送发问卷调查范围窄，调查对象可控制和选择，但过于集中，影响回答的因素有一定程度了解、控制和判断，回复率高，回答质量较低，投入人力较少，调查费用较低，调查时间短。

（二）代填式问卷调查

代填式问卷调查中的访问问卷调查范围较窄，调查对象可控制和选择，代表性较强，影响回答的因素便于了解、控制和判断，回复率高，回答质量不稳定，投入人力多，调查费用高，调查时间较短；代填式问卷调查中的电话问卷，调查范围可广可窄，调查对象可控制和选择，代表性较强，影响回答的因素不太好了解、控制和判断，回复率较高，回答质量很不稳定，投入人力较多，调查费用较高，调查时间较短。

二、调查方法选择

根据调研目标和实际情况，结合前面对于各种问卷调查形式的分析，本书主要采取自填式问卷调查中的送发问卷调查和代填式问卷调查中的访问问卷调查。原因在于调研涉及面较广、数据量大、数据统计工作量大等，而采用自填式问卷调查中的送发问卷调查能突破时空限制，在广阔范围内，对众多调查对象同时进行调查，节省人力、时间和经费，同时获取的资料便于计算机进行数据处理，能有效推动研究的开展。同时为了弥补送发问卷调查不能了解到生动、具体的情况，缺乏弹性，很难作深入的定性调查，回复率和有效率低，对无回答者的研究比较困难等问题，本书还采取了代填式问卷调查中的访问问卷调查方式加以补充。通过访谈人员上门对广州市科技型小微企业负责人进行面对面的访谈，尽可能地使调查结果具有客观性。

第四节　问卷设计

本书中问卷设计过程主要包括文献研究、专家和企业访谈、预调查、正式调查四个步骤。其中，文献研究主要是搜集和整理国内外学者的相关研究，为问卷设计提供借鉴和理论依据，以提高问卷的可靠性。同时，访问政府及相关科研机构的网站，了解科技型小微企业的最新研究进展，以提高问卷的适用性和实证研究结论的可靠性，在此基础上形成问卷大纲。在专家和企业访谈过程中，主要是根据问卷大纲对有关专家和企业家进行访谈，检验问卷的合理性，形成问卷初稿。在小样本预调查中，预调查样本主要来自以科技企业为主的创业园，符合研究的需要。通过预调查，发现问卷初稿中部分问项有理解困难或语句偏差等问题，据此对相关内容进行调整。最后，根据预调查发现的问题和不足，对问卷进行全面修改和完善，形成正式问卷。在此基础上进行了大范围的问卷调查，并据此对问卷数据进行分析。问卷由卷首语、问题与回答方式、编码和其他资料四个部分组成。本次设计的问卷调查项目共有四大类，31 个问题。

第一大类是企业基本情况调查，包括企业的注册类型、企业的注册资本、企业的员工人数、企业中具有大专以上学历的人员占职工总数的比例、企业研发经费支出额占企业主营业务收入（或销售收入）的比例、企业所处的发展阶段、企业所处的行业、企业是否通过高新技术企业认定、企业当前最重要的一项工作。第二大类是企业融资情况，包括企业首选的融资渠道、企业银行贷款在融资中的比重、企业现阶段是否存在资金短缺的情况、企业所需资金主要用途、企业融资难的主要原因、哪些措施最能改善企业融资难的状况。第三大类是企业科技创新，包括企业的科研投入主要集中在哪几个方面、企业遇到技术难题时的做法、企业需要中介服务的主要内容、企业是否了解广州市有关科技扶持和优惠政策、企业通过什么途径了解政府的有关政策措施、企业在技术创新过程中所面临的主要问题、影响企业技术创新的主要因素是什么。第四大类是财政扶持，包括企业享受优惠政策的情况、优惠政策难以推行的原因、企业获得过政府帮助的情况、企业在技术创新服务过程中希望得到的服务、企业税费负担水平如何、企业对政府的各项税费政策是否熟悉、企业是否享受到税收优惠、企业是否享受过政府专项基金。

第五节　样本选取

本书中小微企业的界定是依据工信部等部委制定的《中小企业划型标准规定》，然后对位于广州市辖区内的科技型小微企业进行问卷调查，调研过程历时 2 个月，共发放问卷累计 250 份，去除部分存在重复或不合理的问卷，共获得有效问卷 231 份，作为本书的基础分析数据。总体来看，所筛选样本的隶属关系、行业分布、地域分布和规模分布等基本特征在一定程度上可以反映出广州市科技型小微企业发展的现状，数据具有较高的可信度。

第五章
广州市科技型小微企业的成长现状

本章首先从政策环境、经济环境、人才环境、技术创新环境和融资环境等方面对广州市科技型小微企业的成长环境特性进行分析，其次采用问卷调查法从发展规模、区域及行业发展、融资情况、技术创新、人力资源以及政府扶持等方面了解广州市科技型小微企业的成长过程特性，再其次基于企业成长生命周期理论，从初创期、成长期、成熟期和衰退期四个不同成长阶段对广州市科技型小微企业的成长特性进行分析，最后对广州市科技型小微企业的成长现状进行总结。

第一节　广州市科技型小微企业的成长环境特性分析

一、政策环境

为了扶持科技型小微企业的发展，我国相继出台了多项政策文件，在党的十九大报告中，也明确指出深化科技体制改革，建立以企业为主体、以市场为导向、产学研深度融合的技术创新体系，加强对中小企业创新的支持，促进科技成果转化，可见政府越来越重视科技型小微企业的创新发展。为了了解当前扶持科技型小微企业发展的政策有哪些，本书整理出 2011 ~2019 年国家、广东省和广州市层面支持科技型小微企业发展的政策文件，涉及财政、财税、创新、人才、融资和科技等方面，以便了解政府相关部门对科技型小微企业的支持力度，具体见表5－1。

表5－1　　　　涉及科技型小微企业的部分政策汇总

层面	颁布机构	政策文件	政策侧重点
国家	中共中央国务院	关于进一步促进资本市场健康发展的若干意见	融资
		工业转型升级规划（2011—2015年）	财政、融资
		加快发展高技术服务业的指导意见	财税、融资
		促进科技成果转移转化行动方案	科技、融资
		关于加快推进民营企业研发机构建设的实施意见	财政、科技
		加速科技服务业发展的若干意见	财税、融资、财政
		促进创业投资持续健康发展的若干意见	融资
		“十三五”国家科技创新规划	科技、融资、创新
		实施《中华人民共和国促进科技成果转化法》若干规定	科技、创新
		加快众创空间发展服务实体经济转型升级的指导意见	科技、创新
		积极推进“互联网＋”行动的指导意见	融资、创新
		大力推进大众创业万众创新若干政策措施的意见	财政、金融
		深化体制机制改革加快实施创新驱动发展战略的若干意见	财政、创新
		发展众创空间推进大众创新创业的指导意见	财政、创新
		强化企业技术创新主体地位全面提升企业创新能力的意见	财政、创新
		国务院办公厅关于加快众创空间发展服务实体经济转型升级的指导意见	创新
		促进中小企业健康发展的指导意见	财税
		有效发挥政府性融资担保基金作用切实支持小微企业和“三农”发展的指导意见	融资
		加强金融服务民营企业的若干意见	融资
		推动创新创业高质量发展打造“双创”升级版的意见	融资
		建设第二批大众创业万众创新示范基地的实施意见	人才、财税

续表

层面	颁布机构	政策文件	政策侧重点
国家	中共中央国务院	推广支持创新相关改革举措的通知	融资
		积极稳妥降低企业杠杆率的意见	融资
		推进普惠金融发展规划（2016—2020 年）	财税
	工信部	进一步推进中小企业信息化的指导意见	科技、融资
		新时期支持科技型中小企业加快创新发展的若干政策措施	财税、融资、创新、人才、科技
	商务部	“十二五”期间促进典当业发展的指导意见	融资
	科技部	落实创新驱动发展战略 加快科技改革发展的意见	创新
广东省	人民政府	广东省自主创新促进条例	财政、融资
		科技企业孵化器后补助试行方法	财政
		实施珠三角规划纲要 2016 年重点工作任务	融资、科技
		大力推进大众创业万众创新的实施意见	财政、财税、融资
		加快科技创新的若干政策意见	财政
		创新完善中小微企业投融资机制的若干意见	融资、财政
		促进科技服务业发展的若干意见	融资
		创新完善中小微企业投融资机制的若干意见	融资、财政
		促进广东省融资担保行业加快发展实施方案	融资
		推进珠江三角洲地区科技创新一体化行动计划（2014－2020 年）	融资
		珠三角国家自主创新示范区建设实施方案（2016－2020 年）	科技、财政、融资
		广东省工业企业创新驱动发展工作方案（2016－2018 年）	科技、财政，财税、融资
		大力推进大众创业万众创新的实施意见	财政、财税、融资、科技
		广东省落实全国科技创新大会精神近期若干重点任务实施方案	创新、融资
		促进小微企业上规模的指导意见	财税
		广东省促进中小企业知识产权保护和利用的若干政策措施	人才、融资

续表

层面	颁布机构	政策文件	政策侧重点
广东省	人民政府	进一步促进科技创新若干政策措施的通知	财税、融资
		广东省支持中小企业融资的若干政策措施	融资
		强化实施创新驱动发展战略进一步推进大众创业万众创新深入发展的实施意见	科技
广州市	人民政府	引导广州市银行业金融机构加强服务实体经济工作方案	融资
		广州市金融业发展第十二个五年规划（2011 －2015年）	融资、财政
		广州市金融业发展第十三个五年规划（2016—2020年）	融资、财政
		创新完善中小微企业投融资机制十条工作措施	融资、财政
		广州市加快创新驱动发展实施方案	财政
		广州市战略性新兴产业第十三个五年发展规划（2016—2020 年）	财税、融资
		促进大数据发展的实施意见	融资
		促进科技企业孵化器发展的实施意见	融资、财政
		广州市重点服务创新标杆百家企业实施办法	融资、财政
		广州国家自主创新示范区建设实施方案	融资、财政
		加快集聚产业领军人才的意见	科技
		广州市科技创新券实施办法（试行）	科技、财政
		广州市科技创新小巨人企业及高新技术企业培育行动方案	财政、科技
		加快实施创新驱动发展战略的决定	科技、融资
		加快科技创新的若干政策意见	财政
		广州市科技创新促进条例	财政
		推进科技创新工程的实施意见	财政、融资
		促进科技、金融与产业融合发展的实施意见	财政、融资
		广州市构建现代金融服务体系三年行动计划（2016—2018 年）	融资
		促进广州绿色金融改革创新发展的实施意见	融资
		促进全市经济技术开发区转型升级创新发展的若干意见	创新
		广州市深化“互联网＋先进制造业”发展工业互联网行动计划	创新

续表

<table>
<tr><th>层面</th><th>颁布机构</th><th>政策文件</th><th>政策侧重点</th></tr>
<tr><td rowspan="5">广州市</td><td rowspan="2">人民政府</td><td>广州市建设科技创新强市三年行动计划（2019 - 2021 年）</td><td>创新</td></tr>
<tr><td>进一步加快促进科技创新政策措施的通知</td><td>科技</td></tr>
<tr><td rowspan="2">科技创新委员会</td><td>广州市科技型中小企业信贷风险补偿资金池管理办法</td><td>财政</td></tr>
<tr><td>广州市高新技术企业树标提质行动方案（2018—2020 年）</td><td>财税、创新</td></tr>
<tr><td>科技局</td><td>广州市科技创新小巨人企业及高新技术企业培育三年行动计划（2015—2017 年）</td><td>财政、融资</td></tr>
</table>

资料来源：根据政府网站整理所得。

从表 5 - 1 中可以看出，近年来，政府相继出台政策支持科技型小微企业的发展，政策涵盖企业创新主体、创新生态环境、科技成果转化、人才培养引进和激励、创新平台服务能力、科技金融产业融合等方面，为广州市科技型小微企业营造了良好的发展环境。

首先，各项法律、法规和政策的颁布，很好地促进了广州市科技型小微企业的发展，然而支持广州市科技型小微企业发展的法律体系尚欠完备，专门针对科技型小微企业的政策较少，更多是针对科技型中小企业的政策，虽然政策对科技型小微企业有一定的覆盖，但是针对性不强。其次，针对科技型小微企业的发展多以条例、指导性文件为主，相关法律法规较少，缺少权威性和强制性。再其次，对科技型小微企业的法律保护力度不够，科技型小微企业发展过程中的财产、知识产权以及商业秘密等合法权益，缺少有效的法律保护。最后，现行的科技型小微企业法律内容原则性较强但可操作性不强、缺少具体的指引以及责任主体不明确等。

二、经济环境

在诸多政策的引导和扶持下，广州市科技型小微企业迎来了发展的好时机，那么当前广州市的经济环境如何，是否有利于广州市科技型小微企业的进一步发展？为此本书选取广州市固定资产投资额和地区生产总值两个指标，以分析广州市企业的投资意愿，进而判断广州市科技型小微企业所处的经济环境，具体见表5-2。

表5-2　广州市固定资产投资额和地区生产总值情况　单位：万元

年份	2012	2013	2014	2015	2016	2017
固定资产投资额	37 583 868	44 545 508	48 895 026	54 059 522	57 035 900	59 198 300
地区生产总值	135 512 072	154 972 334	167 068 719	181 004 136	197 821 900	215 031 500

资料来源：根据统计年鉴整理所得。

从表5-2中可以看出，2012~2017年，广州市固定资产投资额和地区生产总值都呈逐年上升的态势，但2014年的增幅有所回落，2015年的增速开始提高，广州市宏观经济运行呈现稳中有增的态势。随着经济结构转型的进一步深入，也给广州市科技型小微企业提供了发展的空间，能够激发广州市科技型小微企业根据当前的经济形势，结合自身优势进行技术创新，这对广州市科技型小微企业而言，既是重要机遇，也是严峻挑战。

三、人才环境

2016年2月，广州市出台《关于加快集聚产业领军人才的意见》及四个配套文件（简称“1+4”政策），在全国率先实施以产业领军人才为对象的人才引育工程。“1+4”政策5年投入35亿元，在12个重点产业领域内支持500名创新创业领军人才，每年支持1 000名产业高端人才、2 000名产业急需紧缺人才，并将在穗工作的港澳和外国人才纳入支持范围，形成人才引领产业、产业集聚人才、人才与产业良性互动的良好局面，这些举措的实施进一步为广州市科技型小微企业营造了良好的人才环境。截至2018年底，广州地区具有大专以上学历人才资源总量377万人，留学归国人员近8万人，来穗工作的外国人才1.5万人次。[①]

① 黄婷. 广州全方位优化人才发展环境［EB/OL］. 新快网，https://epaper.xkb.com.cn/view/1138996，2019-06-05.

从表5－3中可以看出，2013～2017年，广州市高职称批准人数在2014年有所下降，2015年开始稳步增长，博士后的招收人数逐年增加，广州市高层次人才数量呈逐年增加的态势。可见，政府越来越重视高层次人才的培养，这将为广州市科技型小微企业的成长储备大量的人才。

表5－3　　广州市高层次人才情况　　单位：人

年份	2013	2014	2015	2016	2017
高级职称批准人数	22 000	13 997	16 581	21 532	24 336
博士后招收人数	746	893	1 297	1 596	1 851

资料来源：根据统计年鉴整理所得。

四、技术创新环境

良好的技术创新环境能有效推动科技型小微企业的迅猛发展，因此分析广州市科技型小微企业所处的技术创新环境显得尤为重要。本章通过广州市高新技术产业开发区国民经济主要指标、科技型企业孵化器发展情况以及广州市科普情况来分析广州市科技型小微企业所处的技术创新环境，具体见表5－4～表5－6。

高新技术产业开发区能够突出产业聚集，通过在高新区大力发展创新集群，可以带动科技型小微企业的产品技术创新以及企业的长远发展，因此分析广州市高新技术产业开发区国民经济主要指标能有效判断广州市科技型小微企业所处的技术创新环境，广州市高新技术产业开发区国民经济主要指标情况具体见表5－4。

表5－4　　广州市高新技术产业开发区国民经济主要指标

年份	2012	2013	2014	2015	2016	2017
营业总收入（万元）	41 063 240	46 801 779	50 291 859	53 657 512	60 242 204	71 318 365
工业总产值（万元）	30 331 186	35 014 146	36 103 576	39 436 609	39 035 207	41 674 387
认定高新技术企业数（个）	835	902	938	969	1 816	2 877
利税总额（万元）	4 014 883	3 672 230	4 272 685	4 302 530	5 367 467	7 568 357

资料来源：根据统计年鉴整理所得。

从表5－4中可以看出，2012～2017年，广州市高新技术产业开发区营业总收入、工业总产值、高新技术企业数和利税总额除2013年/2016年外都呈现逐年上升的态势，随着高新技术产业开发区规模的逐步扩大，广州市科技型小微企业可以依靠的产业基地、创业服务中心等空间载体也越来越多。可见，广州市科技型小微企业的技术创新环境逐年改善，技术创新氛围越来越浓郁。

科技企业孵化器不仅培育了大量的高新技术企业，还培养了大批具有创新精神的企业家，能有力地推动科技型小微企业的发展，因此分析广州市科技企业孵化器发展情况有利于判断广州市科技型小微企业所处的技术创新环境，广州市科技企业孵化器发展情况具体见表5－5。

表5－5　　广州市科技企业孵化器发展情况

年份	2012	2013	2014	2015	2016	2017
孵化器（家）	59	66	85	119	192	218
面积（万平方米）	398	410	500	650	840	909

资料来源：根据统计年鉴整理所得。

从表5－5中可以看出，2012～2017年，广州市科技企业孵化器的数量和面积都逐年增加。截至2018年，广州市共有科技企业孵化器335家，其中，国家级孵化器26家，国家级孵化器培育单位41家；共有众创空间206家，其中，国家级备案53家，省级众创空间试点单位37家；孵化面积超过1 000万平方米；在孵企业（含项目）超过11 000家。在政策保障方面，2018年广州市出台了《广州市科技企业孵化器和众创空间后补助试行办法》，对孵化器的认定和评价结果给予奖励，并制定了绩效评价体系，通过年度评价查找孵化器发展过程中的亮点与不足，引导孵化器逐步提升孵化服务的质量和水平。另外，广州市民营性质的孵化器异军突起，正成为推动广州市科技型小微企业发展的重要力量。随着民营性质孵化器的异军突起，科技企业孵化器的数量激增，孵化器场地的面积也在不断增大，在孵企业和累计毕业企业数量不断取得突破。此外孵化器服务科技型企业的能力也在不断提升，这些无疑为广州市科技型小微企业的发展提供了良好的产业基地和空间载体。

广州市科技型小微企业的发展离不开政府相关部门营造的良好技术创新氛围，为此本章分析了广州市科普情况，以便了解政府相关部门对广州市科技型小微企业技术创新的服务力度，广州市科普情况具体见表5－6。

表5－6　　广州市科普情况

年份	2012	2013	2014	2015	2016	2017
举办科普宣讲活动（次）	788	818	1 133	1 830	16 897	872
科普宣讲活动受众人数（人）	1 117 984	820 487	669 463	2 795 150	3 024 166	193 953
科普宣讲活动覆盖社区（个）	1 041	1 118	1 313	1 457	1 463	2 586
科普活动站（室）（个）	755	771	781	791	741	316
科普画廊展示面积（平方米）	17 490	39 163	40 976	43 372	61 950	30 285

资料来源：根据统计年鉴整理所得。

从表5－6中可以看出，2012～2017年，科普宣讲活动覆盖社区的数量呈现逐年递增态势，但是广州市科普宣讲活动举办的次数、科普宣讲活动受众人数、科普活动站（室）和科普画廊展示面积在2017年都有所下降，持续加大科技服务力度是推动广州市科技型小微企业进一步发展的关键。

五、融资环境

从以上表5－1可以看出，在政策制定上，无论是国家层面还是广东省、广州市层面都积极为科技型小微企业营造良好的融资环境，从新“国九条”的颁布到《广东省人民政府关于创新完善中小微企业投融资机制若干意见》的颁布以及《广州市科技创新小巨人企业及高新技术企业培育三年行动计划(2015—2017年)》的实施，都可以看出政府改善广州市科技型小微企业融资环境的决心。为了进一步给科技型小微企业营造良好的融资环境，开拓融资渠道，广州市相关部门做了大量的工作。广州市率先运用科技创新企业“技术流”专属评价体系，开展普惠性科技金融，建立了科技型企业信贷审批授权专属流程和信用评价模型，改变了商业银行仅使用“财务报表”评价科技创新企业的模式，开展知识产权质押融资相关试点，搭建风险投资市场扶持政策体系，明确风险投资机构奖励政策，简化工商注册登记流程。对创业投资机构投资符合财政部、税务总局印发《对小微企业实施普惠性税收减免政策》所列的初创科技型企业，按一定比例给予其不超过100万元的后补助金额。可见广州市科技型小微企业的融资渠道越来越多，融资环境越来越宽松，但同时也应看到，广州市科技型小微企业由于经营分散、自身资源和实力有限等问题，融资难依然阻碍着企业的发展。

第二节　广州市科技型小微企业的成长过程特性分析[①]

科技型小微企业是科技创新最为活跃和最具潜力的群体，适应能力强、成长空间大。在中国民营企业500强中，有相当数量的企业都起步于科技型小微企业，可以说，重视科技型小微企业的发展，就是重视一个地区经济的活力和未来。那么广州市科技型小微企业的发展规模如何，融资遇到哪些具体的困难，技术创新能力如何，科研人员是否满足企业发展的需要，政府的扶持力度是否到位，为了了解这些相关问题，本书展开问卷调查，共发出问卷250份，回收有效问卷231份，回收率达92.4%，并从广州市科技型小微企业的发展规模、区域及行业发展、融资情况、技术创新、人力资源以及政府扶持等方面进行分析。

一、发展规模分析

为了分析广州市科技型小微企业的发展规模，本章先调查了广州市科技型小微企业的类型，具体见表5-7和图5-1，从表5-7和图5-1可以看出绝大部分的广州市科技型小微企业为民营企业，本章进而分析了广州市民营企业的发展情况以判断广州市科技型小微企业的发展规模，同时调查了广州市科技型小微企业的注册资本和员工人数情况，以分析广州市科技型小微企业的规模，具体情况见表5-8～表5-10。

① 注：该节比例列计算运用四舍五入法，故存在一定误差。

表 5-7　　广州市科技型小微企业注册类型调查情况

注册类型	数量（个）	比例（%）
国企	28	12.12
民企	171	74.03
合资	18	7.79
外企	14	6.06

资料来源：根据问卷调查的数据整理所得。

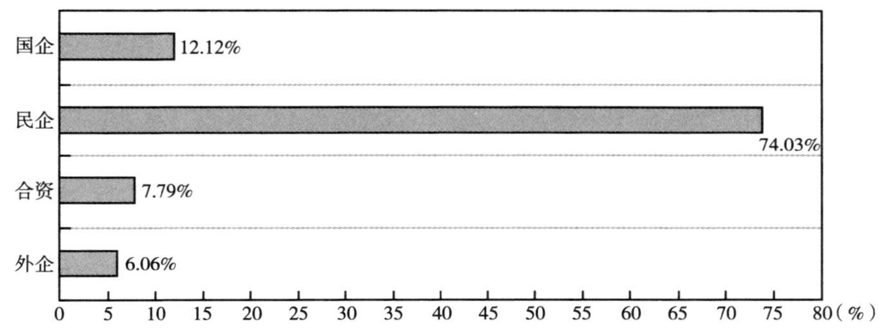

图 5-1　广州市科技型小微企业注册类型调查情况

从表 5-7 和图 5-1 可以看出，在被调查的 231 家广州市科技型小微企业中，民营企业占了绝大部分，为 74.03%，由此可以看出，绝大部分的广州市科技型小微企业为民营企业。为了了解当前广州市民营企业的发展规模，本章统计了 2012~2017 年，广州市民营企业的户数、注册资本和就业人数，具体见表 5-8。

表 5-8　　广州市民营企业发展规模情况

年份	企业户数（家）	注册资本（元）	就业人数（人）
2012	261 598	37 981 013	3 189 228
2013	296 020	48 122 086	3 226 099
2014	364 784	76 417 091	3 415 227
2015	455 506	126 754 599	4 427 400
2016	570 254	196 027 651	5 100 240
2017	719 856	344 189 357	5 331 582

资料来源：根据统计年鉴整理所得。

从表5－8中可以看出，2012～2017年，广州市民营企业的户数、注册资本、就业人数都逐年上升，说明广州市民营企业的规模逐年壮大，进而可以推断出民营企业占比较大的广州市科技型小微企业的发展规模也呈不断壮大的趋势。

为了进一步分析广州市科技型小微企业的规模，本章对231家广州市科技型小微企业的注册资本和员工人数进行调查，具体情况见表5－9、表5－10。

表5－9　　广州市科技型小微企业注册资本调查情况

注册资本（万元）	金额（万元）	比例（%）
<100	46	19.91
100～500	70	30.3
500～1 000	38	16.45
1 000～2 000	25	10.82
>2 000	52	22.51

资料来源：根据问卷调查的数据整理所得。

从表5－9中可以看出，在被调查的231家广州市科技型小微企业中，注册资本在100万～500万元的比重最大，占了30.3%，注册资本在2 000万元以内占了77.49%，注册资本大于等于2 000万元的，仅占了22.51%，由此可见，绝大部分广州市科技型小微企业的注册资本在2 000万元以内。

从表5－10中可以看出，在被调查的231家广州市科技型小微企业中，员工人数小于50人的公司占比为37.66%，比重最大，其次是200～500人，占比为34.21%。

表5－10　　广州市科技型小微企业的员工人数调查情况

员工人数（人）	数量（人）	比例（%）
<50	87	37.66
50～100	36	15.58
100～200	29	12.55
200～500	79	34.21

资料来源：根据问卷调查的数据整理所得。

综上所述，绝大部分的科技型小微企业为民营企业，员工在500人以下，注册资本多数在2 000万元以内，广州市科技型小微企业发展规模呈现上涨态势。

二、区域及行业分布分析

本章通过对广州市12区的民营企业户数、雇工人数进行统计分析，进而推断广州市科技型小微企业的区域分布情况，同时根据被调查的231家广州市科技型小微企业的数据，分析广州市科技型小微企业所处的行业，具体见表5－11和表5－12。

从表5－11中可以看出，2012～2017年，广州市各区的民营企业户数表现为，天河区的户数最多，天河区拥有广州市近30%的高新技术产业，岗顶、石牌等电脑城，集中了一大批IT创业公司，从增速来看，2012～2017年，南沙区的民营企业户数增长速度最快，2013年的增长速度为26.30%，2014年为29.37%，2015年为103.54%，2015年的增长速度是天河区增长速度的3倍多，南沙作为国家级新区，其发展的态势不容小觑。另外根据广州市统计局2016年的数据显示，从财政经费投入来看，黄埔区独占鳌头，遥遥领先于其他11区，投入达15.79亿元。天河区位居第二名，达4.44亿元。从孵化器面积来看，黄埔区保持领先地位，达到了345万平方米，花都区位居第二名，达156万平方米。增城、荔湾两区，不足50万平方米，其中增城区为12万平方米，荔湾区为30万平方米。在高新技术企业数量方面，天河区领先，共有503家。黄埔区第二，有408家。从化区、荔湾区、增城区、南沙区分别为42家、44家、60家、76家，各区之间差距明显。而在“上市科技企业数量”这一指数上，天河区位居第一名，有49家；番禺区、黄埔区不相上下，分别为31家、30家。南沙区、海珠区、荔湾区则分别为2家、2家和3家。天河区另一个值得骄傲的指数是专利授权数，位居全市第一名，为7 493件。越秀区、番禺区、黄埔区各为5 458件、5 370件、5 363件；增城区、从化区为787件、733件。① 从以上广州

① 刘云．广州11区创新力分析［EB/OL］．2016.05.06/2020.11.30．https://www.sohu.com/a/73796151_259497.

表 5 -11　　广州市各区民营企业基本情况

年份	2012		2013		2014		2015		2016		2017	
	户数（家）	雇工人数（人）	户数（家）	雇工人数（人）	户数（家）	雇工人数（人）	户数（家）	雇工人数（人）	户数（家）	雇工人数（人）	户数（家）	雇工人数（人）
荔湾	13 312	58 454	14 736	13 151	17 485	12 880	19 769	12 635	23 312	12 895	28 015	14 991
越秀	30 314	130 361	32 082	29 937	36 352	28 118	41 213	27 096	51 064	28 615	59 311	29 836
海珠	26 579	108 188	29 147	19 356	34 009	19 301	39 231	18 948	48 082	19 541	60 079	22 246
天河	65 521	273 203	71 452	41 736	88 942	41 055	115 194	40 262	151 126	43 497	182 712	44 204
白云	44 074	185 910	52 026	40 266	66 092	39 465	83 084	38 823	105 080	39 511	134 038	38 235
黄埔	7 910	34 789	8 808	9 870	10 044	9 280	11 659	9 168	13 202	8 364	18 124	11 177
番禺	29 021	150 758	34 460	73 303	44 225	69 992	55 328	68 098	16 551	7 224	88 292	62 763
花都	11 862	60 798	14 115	23 716	17 831	23 364	22 257	68 098	69 039	66 920	37 613	25 808
南沙	3 715	20 235	4 692	10 333	6 070	10 372	12 355	10 349	28 457	22 840	44 849	15 975
增城	9 513	60 800	11 111	41 594	14 440	40 474	18 371	39 900	6 295	14 234	32 266	35 352
从化	3 254	22 549	3 721	15 750	4 380	15 104	5 063	14 603	24 040	38 325	8 551	17 094

资料来源：根据统计年鉴整理所得。

市各区民营企业的发展情况以及各区的财政投入、孵化器面积、高新技术企业数量、上市科技企业数量、专利授权数量等数据可以推断出民营企业集中的广州市的科技型小微企业各区分布情况以及在技术创新方面，天河区在广州市各区中的引领地位。

从表5－12中可以看出，在被调查的231家广州市科技型小微企业中，软件信息技术服务企业有214家，占比为92.64%，可见绝大部分的广州市科技型小微企业集中在软件信息技术服务行业，这与该行业本身的特性相关，软件信息技术服务行业要求企业具有一定的技术创新能力和开展技术创新性产品的研究、开发、生产和经营业务，因此要求企业要有从事研发和相关技术创新活动的科技人员、具有自主知识产权或专有技术、具有创新集成能力或企业建有内部研发机构等，这与广州市科技型小微企业的认定标准一致，因此绝大部分的广州市科技型小微企业集中在具有创新性和技术含量大的软件信息技术服务行业。

表5－12　　　　广州市科技型小微企业所处的行业调查情况

所处行业	数量（家）	比例（%）
农林牧渔	1	0.43
采矿业	0	0
制造业	4	1.73
电力热力燃气及水生产和供应	0	0
建筑业	0	0
批发零售	3	1.3
交通运输/仓储	0	0
住宿餐饮	0	0
软件信息技术服务	214	92.64
金融业	3	1.3
房地产	1	0.43
租赁和商务服务	1	0.43
科学研究和技术服务	1	0.43
其他	3	1.3

资料来源：根据问卷调查的数据整理所得。

三、融资情况分析

为了深入了解广州市科技型小微企业的融资情况，本章分别调查了广州市科技型小微企业现阶段资金短缺情况、所需资金主要用途、首选融资渠道、银行存款在融资中的比重、融资难的主要原因以及改善融资难的措施等，具体情况见表 5－13～表 5－18 以及图 5－2～图 5－7。

从表 5－13 和图 5－2 中可以看出，在被调查的 231 家广州市科技型小微企业中，67.97%的企业现阶段不存在资金短缺的情况，32.03%的企业在现阶段存在资金短缺的情况。

表 5－13　广州市科技型小微企业现阶段存在资金短缺的调查情况

是否存在资金短缺	数量（家）	比例（%）
是	74	32.03
否	157	67.97

资料来源：根据问卷调查的数据整理所得。

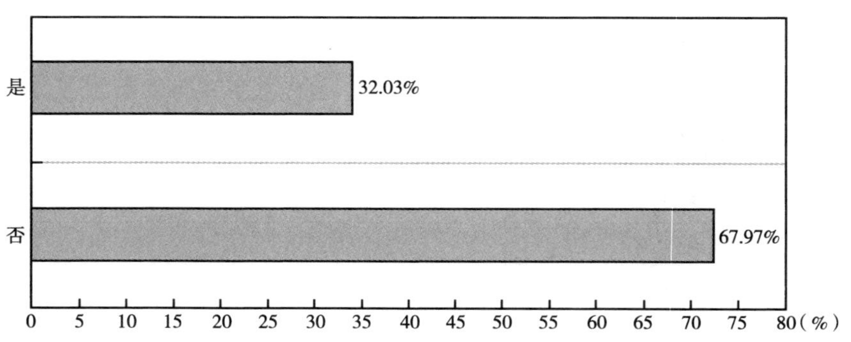

图 5－2　广州市科技型小微企业现阶段存在资金短缺的调查情况

从表 5－14 和图 5－3 中可以看出，在被调查的 231 家广州市科技型小微企业中，43.72%的企业所需资金主要用于技术改造，占比最大，可见广州市科技型小微企业普遍重视技术创新。

表 5-14　广州市科技型小微企业所需资金主要用途调查情况

资金用途	数量（家）	比例（%）
扩大生产	61	26.41
技术改造	101	43.72
维持正常生产资金需要	59	25.54
归还拖欠贷款	4	1.73
进出口资金需要	4	1.73
其他	2	0.87

资料来源：根据问卷调查的数据整理所得。

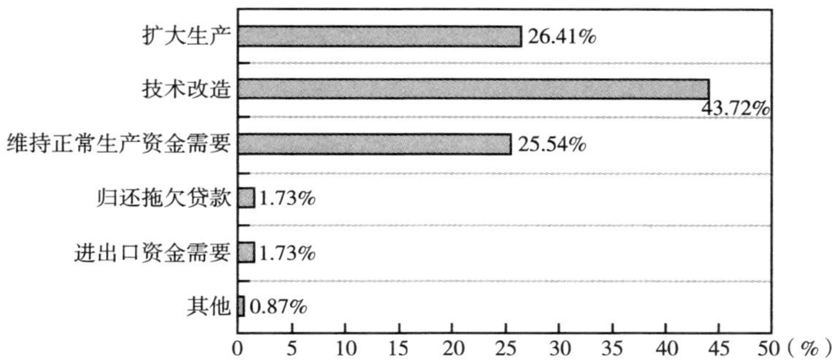

图 5-3　广州市科技型小微企业所需资金主要用途调查情况

从表 5-15 和图 5-4 中可以看出，在被调查的 231 家广州市科技型小微企业中，44.16% 的企业首选融资渠道是银行贷款，占比最大，可见银行贷款是广州市科技型小微企业融资的首选。一方面是由科技型小微企业自身的特性所决定，当前科技型小微企业通过市场进行融资仍然非常困难，只能求助于资本市场以外的融资渠道。另一方面银行积极转变服务意识，利用互联网金融，摒弃原有的传统信贷思维，建立起服务科技型小微企业的互联网金融融资平台，这些都是广州市科技型小微企业首选银行贷款进行融资的原因所在。

表 5-15　广州市科技型小微企业首选的融资渠道调查情况

融资渠道	数量（家）	比例（%）
银行贷款	102	44.16
商业信用（即占用供应商、客户资金）	28	12.12

续表

融资渠道	数量（家）	比例（%）
发行股票	15	6.49
PE 融资	17	7.36
政府扶持资金	24	10.39
自由借贷	5	2.16
钱庄	0	0
典当	0	0
担保贷款	5	2.16
内部集资	16	6.93
信用社贷款	5	2.16
融资租赁	7	3.03
其他	7	3.03

资料来源：根据问卷调查的数据整理所得。

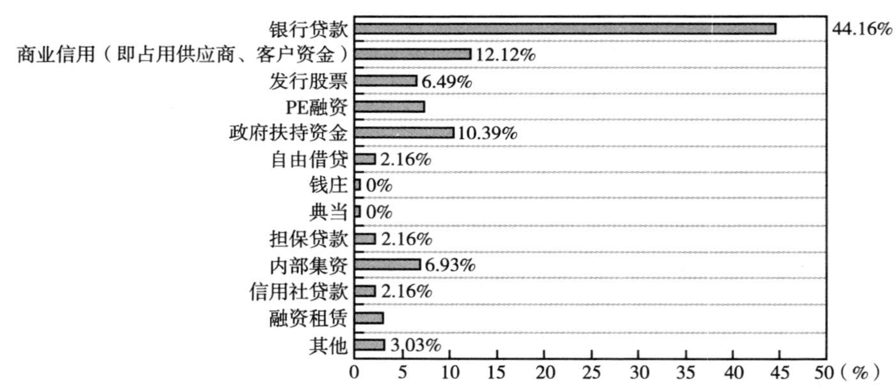

图 5－4　广州市科技型小微企业首选的融资渠道调查情况

从表 5－16 和图 5－5 中可以看出，在被调查的 231 家广州市科技型小微企业中，57.14% 的企业银行贷款在融资中的比重为 30% 以下，作为大多数企业首选的融资形式——银行贷款在企业融资中的占比并不是很高，企业有意愿从银行获得贷款而实际能从银行获取的贷款额却有限。

表 5－16　广州市科技型小微企业银行贷款在融资中的比重调查情况

银行贷款在融资中的比重	数量（家）	比例（%）
<30%	132	57.14
30%～50%	76	32.90
50%～70%	19	8.23
≥71%	4	1.73

资料来源：根据问卷调查的数据整理所得。

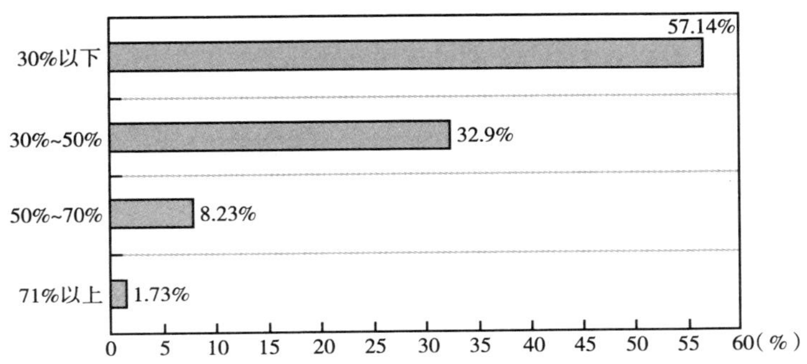

图 5－5　广州市科技型小微企业银行贷款在融资中的比重调查情况

从表 5－17 和图 5－6 中可以看出，在被调查的 231 家广州市科技型小微企业中，造成融资难的主要原因有企业缺乏有效的抵押和担保；规模小、技术装备水平落后；缺乏信用服务体系；银行缺少针对小微企业的贷款流程；缺乏专门为小微企业提供服务的金融机构；风险投资机制建设滞后；信用担保体系不完善等，这些原因的占比相当，都是 30% 左右，可见这些原因对于广州市科技型小微企业来说，都是导致其融资难的原因。

表 5－17　广州市科技型小微企业融资难的主要原因调查情况

融资难的原因	数量（家）	比例（%）
缺乏有效的抵押和担保	69	29.87
规模小、技术装备水平落后	71	30.74
缺乏信用服务体系	70	30.3
银行缺少针对小微企业的贷款流程	73	31.6
缺乏专门为小微企业提供服务的金融机构	79	34.2

续表

融资难的原因	数量（家）	比例（%）
风险投资机制建设滞后	66	28.57
信用担保体系不完善	55	23.81
产权交易市场不发达	39	16.88
其他	8	3.46

资料来源：根据问卷调查的数据整理所得。

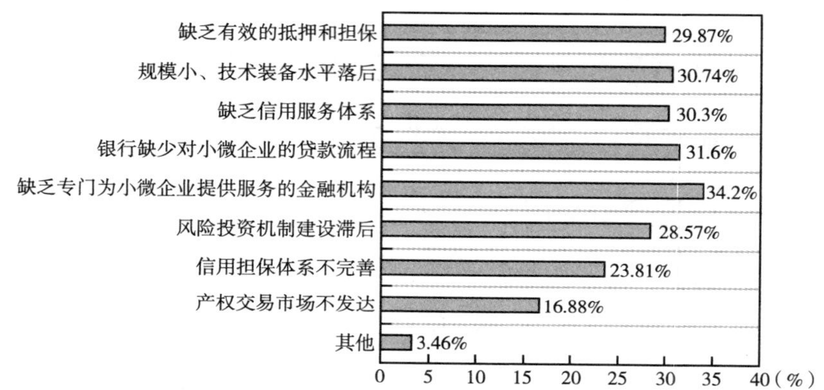

图5－6　广州市科技型小微企业融资难的主要原因调查情况

从表5－18和图5－7中可以看出，在被调查的231家广州市科技型小微企业中，45.89%的企业首选改善企业融资难状况的措施是建立小企业信用评级机制，占比最大，其次是建立小额贷款担保基金，可见广州市科技型小微企业融资难的主要原因在于一方面科技型小微企业缺少担保物，没能从银行获得贷款，另一方面由于政府还没建立小额贷款担保基金以及配套的企业信用评级机制不完善，因此广州市科技型小微企业难以通过信用贷款解决融资难的问题。

表5－18　广州市科技型小微企业首选改善融资难状况的措施调查情况

改善企业融资难状况的措施	数量（家）	比例（%）
建立小企业信用评级机制	106	45.89
推广小额贷款业务	76	32.9
建立小额贷款担保基金	102	44.16

续表

改善企业融资难状况的措施	数量（家）	比例（%）
推广“动产”质押普及化	80	34.63
建立专门面向小企业放贷的金融机构	83	35.93
建立完善多层次资本市场	75	32.47

资料来源：根据问卷调查的数据整理所得。

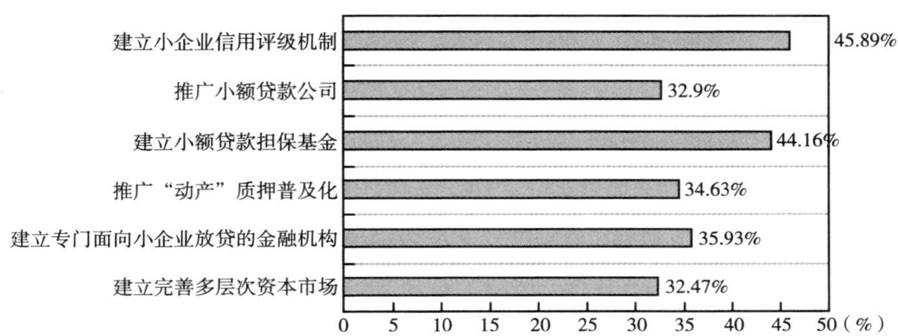

图 5－7 广州市科技型小微企业首选改善企业融资难状况的措施调查情况

从以上的分析可以看出，融资难的问题依然困扰着广州市科技型小微企业，但同时，政府相关部门越来越重视科技型小微企业融资难的问题，通过多种措施为广州市科技型小微企业的发展保驾护航，包括设立中小微企业融资风险补偿资金，用于推动银行、再担保、担保、保险、互联网金融、融资租赁、小额贷款等融资服务机构加大对中小微企业的融资服务力度，扩大中小微企业的融资规模；支持各类中小微企业公共服务平台、创业示范基地、众创空间和各类服务机构的建设和运行等；积极开展科技信贷融资服务、创业服务、企业上市培育服务；建设科技金融信息对接平台、互联网众筹平台，帮助中小微企业解决融资难的问题。同时联合证券、银行、风投、会计师事务所等 30 多个中介机构和 40 多家科技企业共同发起成立广州市科技企业新三板发展促进会，以推动中小微企业进入创新层、再融资、并购重组，拓宽中小微企业的融资渠道。①

① 陈景收，谭亦芳．广州力争 2020 年全市科技创新企业超 20 万家［N］．南方日报，2016－8－22.

四、技术创新分析

鉴于广州市科技型小微企业技术创新相关数据不易得到，而科技型中小企业又是中小企业中技术创新意愿、能力最强的群体，因此，本部分以广州市中小企业的专利申请情况来反映广州市科技型小微企业的技术创新概况。

从表5－19中可以看出，2012～2015年，广州市中小企业申请专利的数量以及专利授权量都逐年增加，2015年，广州市中小企业的专利受理量和专利授予量增幅最大，分别为36.78%和41.57%，可见技术创新意愿强的广州市科技型小微企业申请专利的数量以及专利授予量都呈现逐年增加的态势。

表5－19　广州市中小企业的专利申请情况　单位：件

年份	2012	2013	2014	2015
专利申请受理量	33 387	39 751	46 330	63 366
专利申请授予量	21 997	26 156	28 137	39 834

资料来源：国家统计局网站相关数据整理所得。

为了进一步分析广州市科技型小微企业的技术创新情况，本章调查了广州市科技型小微企业通过高新技术企业认定情况、研发经费支出额占企业主营业务收入的比例情况、科研投入情况、影响企业技术创新的主要因素、遇到技术难题的处理情况、需要中介服务的情况、了解广州市有关科技扶持和优惠政策的情况和了解政府有关政策措施的途径情况。

从表5－20和图5－8中可以看出，在被调查的231家广州市科技型小微企业中，通过高新技术企业认定的有132家，占比57.14%，被调查企业通过高新技术企业认定的总体比例并不高。

表5－20　广州市科技型小微企业通过高新技术企业认定调查情况

是否通过高新技术企业认定	数量（家）	比例（%）
是	132	57.14
否	99	42.86

资料来源：根据问卷调查的数据整理所得。

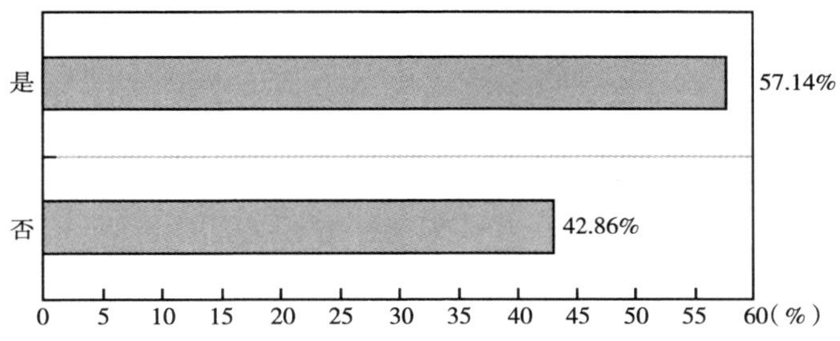

图 5-8　广州市科技型小微企业通过高新技术企业认定调查情况

《广东省科技型中小微企业评价条件》中提及，符合认定为科技型中小微企业的科研基础能力条件（四选一，符合任意一条即可）之一为，上年度的研究开发费用总额占销售收入总额的比例不低于3%，从表5-21和图5-9中可以看出，在被调查的231家广州市科技型小微企业中，研发经费支出额占企业主营业务收入比例≥3%的企业有191家，占比为82.69%，其中研发经费支出额占企业主营业务收入比例≥10%的企业占了30.3%，可见符合这一标准的广州市科技型小微企业的占比很高，企业普遍重视研发。

表 5-21　广州市科技型小微企业研发经费支出额占企业主营业务收入的比例调查情况

研发经费支出额占企业主营业务收入的比例（%）	数量（家）	比例（%）
<1	18	7.79
1~3	22	9.52
3~5	50	21.65
5~10	71	30.74
≥10	70	30.3

资料来源：根据问卷调查的数据整理所得。

从表5-22和图5-10中可以看出，在被调查的231家广州市科技型小微企业中，67.53%的企业科研投入是为了完善新产品和工艺的研发（估计三年内能实现商业化），占比最大，其次是以完善现有技术和工艺、拓展产品用途为目的的开发研究，占比为54.98%，然后为改进工艺从而提高效率、降低成本，占比为41.56%，可见绝大部分的广州市科技型小微企业科研投入主要用于完善、改进新产品、新工艺，企业创新意愿强烈。

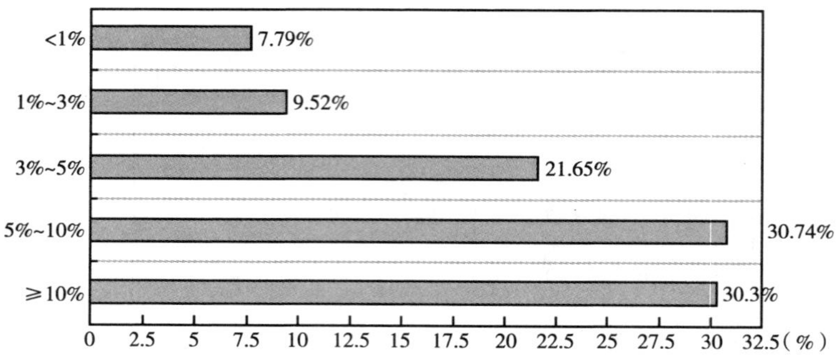

图 5－9　广州市科技型小微企业研发经费支出额占企业主营业务收入的比例调查情况

表 5－22　　　　广州市科技型小微企业的科研投入调查情况

科研投入情况	数量（家）	比例（%）
基础研究（至少三年内不实现商业化的研发项目）	89	38.53
完善新产品和工艺的研发（估计三年内能实现商业化）	156	67.53
以完善现有技术和工艺、拓展产品用途为目的的开发研究	127	54.98
改进工艺从而提高效率、降低成本	96	41.56
其他	1	0.43

资料来源：根据问卷调查的数据整理所得。

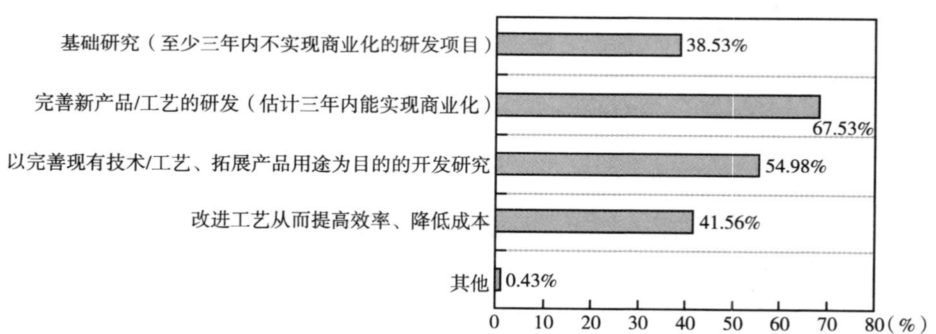

图 5－10　广州市科技型小微企业的科研投入调查情况

从表 5－23 和图 5－11 中可以看出，被调查的 231 家广州市科技型小微企业在技术创新过程中，所面临的主要问题有以下几个：缺乏战略合作伙伴；缺乏研究人员、研发能力不强；对市场前景把握不准；资金紧张、融资难等，这些问题的占比相当。

表 5-23 广州市科技型小微企业在技术创新过程中所面临的主要问题调查情况

所面临的问题	数量（家）	比例（%）
资金紧张、融资难	93	40.26
对市场前景把握不准	98	42.42
缺乏战略合作伙伴	124	53.68
风险大	66	28.57
缺乏研究人员、研发能力不强	99	42.86
缺乏技术标准、难以通过国家认证	33	14.29

资料来源：根据问卷调查的数据整理所得。

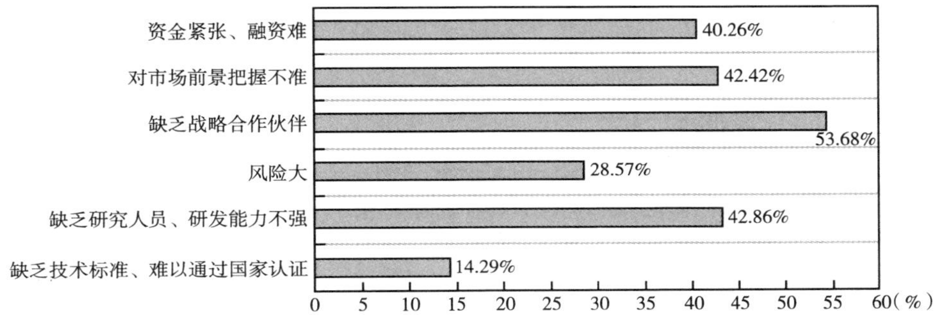

图 5-11 广州市科技型小微企业在技术创新过程中所面临的主要问题调查情况

五、人力资源分析

对于广州市科技型小微企业来说，资金和实力有限，知识型员工的创新能力便成为决定其成败的关键因素，因此分析广州市科技型小微企业的人力资源状况显得尤为重要。本章通过分析广州市科技型小微企业中具有本科以上学历的人员情况、广州市科技型小微企业在技能培训方面存在的困难情况和影响广州市科技型小微企业技术创新的主要因素，来判断广州市科技型小微企业的人力资源状况，具体见表 5-24 ~ 表 5-26 和图 5-12 ~ 图 5-14。

从表 5-24 以及图 5-12 中可以看出，在被调查的 231 家广州市科技型小微企业中，具有本科以上学历的人员的占比大于等于 50% 的公司仅为 43.72%，超过一半的广州市科技型小微企业的员工本科以上学历占比不超过公司员工数的 50%。

表5－24　广州市科技型小微企业中具有本科以上学历的人员调查情况

本科以上学历占比	人数（人）	比例（%）
<10%	21	9.09
10%～20%	20	8.66
20%～30%	30	12.99
30%～50%	59	25.54
≥50%	101	43.72

资料来源：根据问卷调查的数据整理所得。

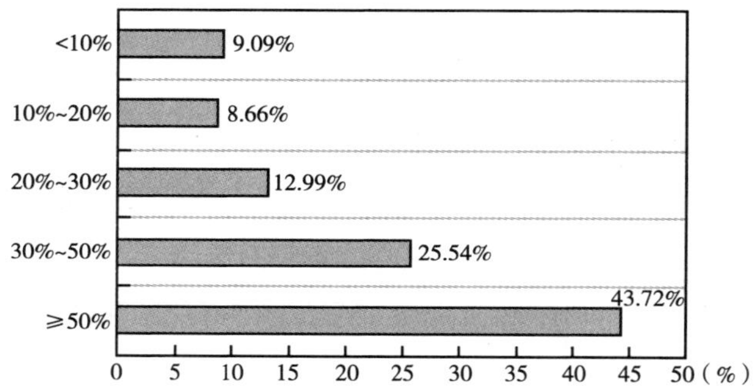

图5－12　广州市科技型小微企业中具有本科以上学历的人员调查情况

从表5－25和图5－13中可以看出，在被调查的231家广州市科技型小微企业中，49.35%的企业认为技能培训方面存在困难的原因是缺乏合适的培训机构和人员，这一原因占比最大，其次是经费不足，占比为35.5%，认为培训效果不明显以及职工参与培训的积极性不高的企业也占了30%以上，仅13.42%的企业认为技能培训方面不存在困难。

表5－25　广州市科技型小微企业在技能培训方面存在困难的调查情况

技能培训方面存在的困难	数量（家）	比例（%）
经费不足	82	35.5
缺乏合适的培训机构和人员	114	49.35
培训效果不明显	77	33.33
职工参与培训的积极性不高	70	30.3
没有时间安排培训	53	22.94

续表

技能培训方面存在的困难	数量（家）	比例（%）
职工流动得太频繁，没必要进行培训	46	19.91
没有困难	31	13.42
其他	1	0.43

资料来源：根据问卷调查的数据整理所得。

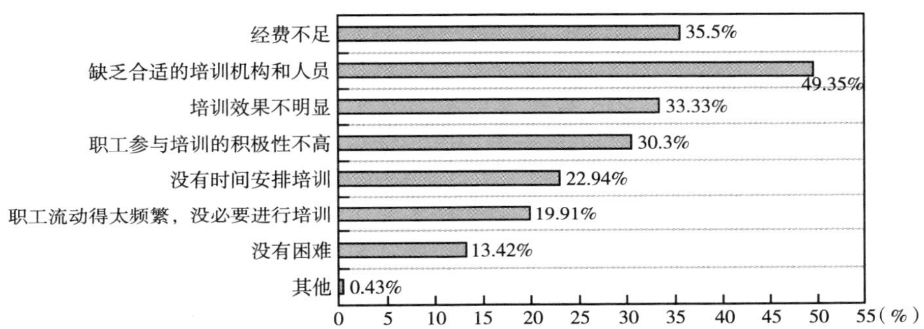

图 5-13　广州市科技型小微企业在技能培训方面存在困难的调查情况

从表 5-26 和图 5-14 中可以看出，在被调查的 231 家广州市科技型小微企业中，认为影响企业技术创新的主要原因是科研人力不足的占比 43.72%，可见科研人力不足是制约广州市科技型小微企业发展的主要原因。

表 5-26　影响广州市科技型小微企业技术创新的主要因素调查情况

影响企业技术创新的因素	数量（家）	比例（%）
科研经费投入不足	99	42.86
科研人力不足	101	43.72
产学研沟通不畅	86	37.23
缺乏创新的社会氛围	72	31.17
技术市场不健全	56	24.24
知识产权保护力度不足	58	25.11
国家技术创新服务体系不健全	46	19.91
公司小，没有从事技术创新的必要	14	6.06
其他	2	0.87

资料来源：根据问卷调查的数据整理所得。

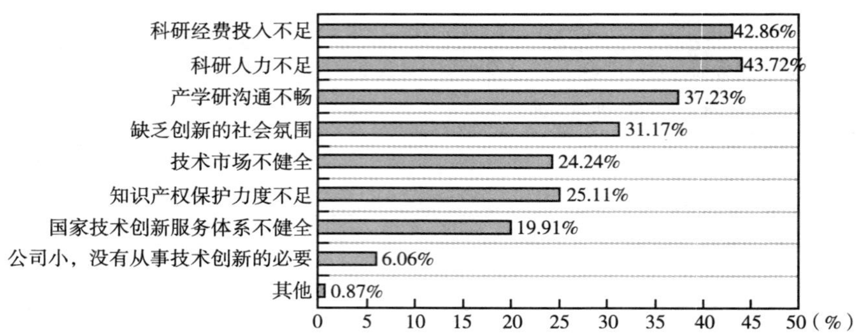

图 5－14　广州市科技型小微企业认为影响企业技术创新的主要因素调查情况

六、政府扶持分析

为了了解政府对广州市科技型小微企业的扶持力度，本章从广州市科技型小微企业对有关政策的了解情况、享受税收优惠情况和获得政府帮助的情况等方面来进行分析。

（一）广州市科技型小微企业对有关政策的了解情况

从表 5－27 和图 5－15 中可以看出，在被调查的 231 家广州市科技型小微企业中，65.8% 的企业了解广州市有关科技扶持和优惠政策，占比最大。

表 5－27　广州市科技型小微企业了解有关政策的调查情况

是否了解有关科技扶持和优惠政策	数量（家）	比例（%）
是	152	65.8
否	79	34.2

资料来源：根据问卷调查的数据整理所得。

从表 5－28 和图 5－16 中可以看出，在被调查的 231 家广州市科技型小微企业中，75.76% 的企业了解政府有关政策措施的途径是通过政府网站，占比最大，其次是通过电视和政府公报，可见广州市科技型小微企业了解政府的有关政策措施主要是通过官方渠道，因此完善政府网站的内容和及时对信息进行披露显得尤为重要。

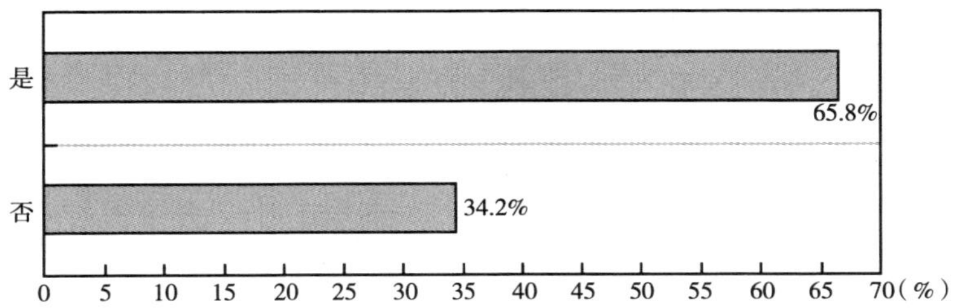

图 5－15　广州市科技型小微企业是否了解有关政策的调查情况

表 5－28　广州市科技型小微企业了解政府有关政策措施的途径调查情况

了解政府有关政策措施的途径	数量（家）	比例（%）
报纸	78	33.77
电视	110	47.62
广播	54	23.38
政府网站	175	75.76
政府公报	99	42.86
其他	9	3.90

资料来源：根据问卷调查的数据整理所得。

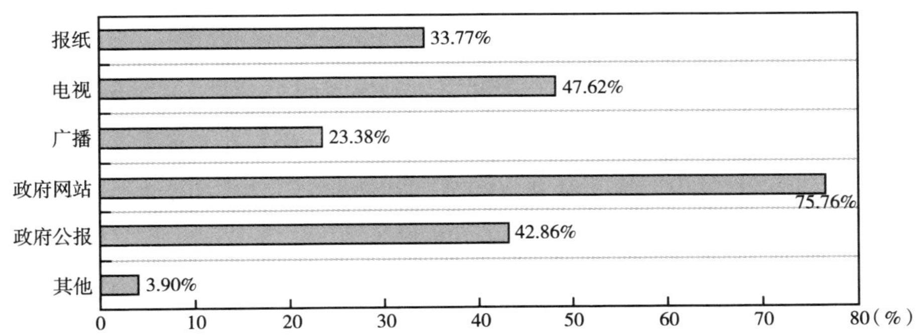

图 5－16　广州市科技型小微企业了解政府有关政策措施的途径调查情况

（二）广州市科技型小微企业享受税收优惠情况

从表 5－29 和图 5－17 中可以看出，在被调查的 231 家广州市科技型小微企业中，41.56% 的企业认为税费负担水平一般，35.5% 的企业认为比较重，但可以接受，另外 11.69% 的企业认为税负繁重难接受，只有 11.26% 的企业认为较轻，总体而言，对于广州市科技型小微企业来说，税费负担水平依然较重。

表 5-29　　广州市科技型小微企业税费负担水平调查情况

税费负担水平	数量（家）	比例（%）
繁重难接受	27	11.69
比较重，但可以接受	82	35.5
一般	96	41.56
较轻	26	11.26

资料来源：根据问卷调查的数据整理所得。

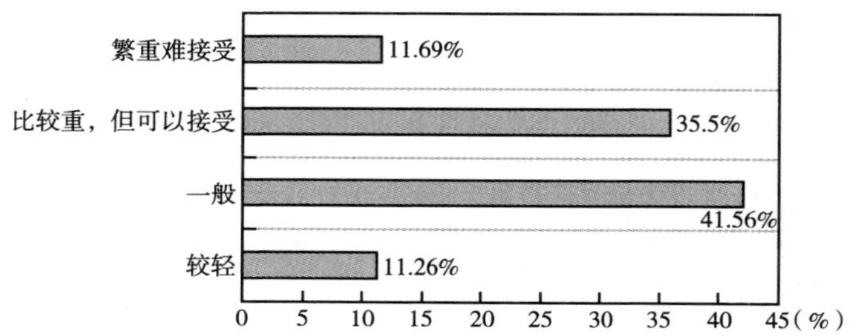

图 5-17　广州市科技型小微企业税费负担水平调查情况

从表 5-30 和图 5-18 中可以看出，在被调查的 231 家广州市科技型小微企业中，40.26% 的企业熟悉政府的各项税费政策，而一般熟悉、不熟悉、一点也不清楚的共占 59.74%，从调查结果可以看出超过一半的企业并不完全熟悉广州市科技型小微企业的各项税费政策。

表 5-30　　广州市科技型小微企业对政府的各项税费政策熟悉情况

对政府的各项税费政策熟悉情况	数量（家）	比例（%）
熟悉	93	40.26
一般	108	46.75
不熟悉	21	9.09
一点也不清楚	9	3.9

资料来源：根据问卷调查的数据整理所得。

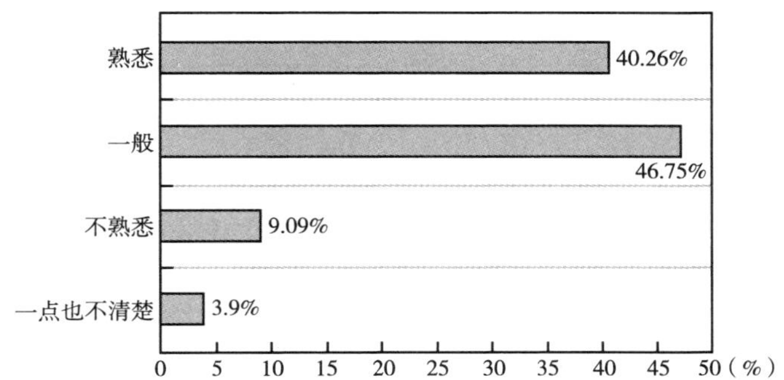

图 5－18　广州市科技型小微企业对政府的各项税费政策熟悉情况

从表 5－31 和图 5－19 中可以看出，在被调查的 231 家广州市科技型小微企业中，享受过税收优惠政策的有 139 家，占比为 60. 17%，说明超过一半的广州市科技型小微企业享受过税收优惠政策。

表 5－31　　广州市科技型小微企业享受过税收优惠政策的调查情况

是否享受过税收优惠政策	数量（家）	比例（%）
是	139	60. 17
否	92	39. 83

资料来源：根据问卷调查的数据整理所得。

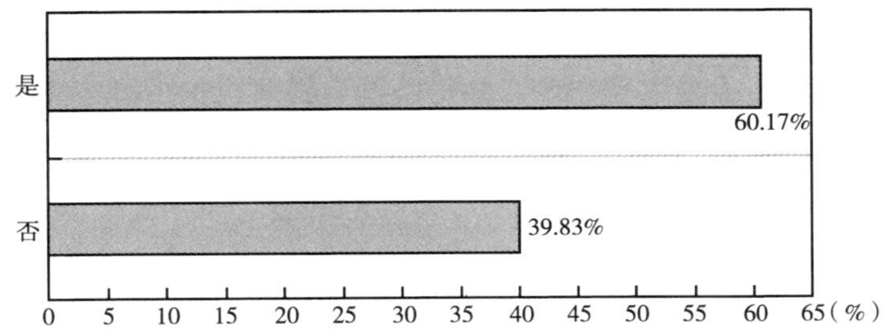

图 5－19　广州市科技型小微企业是否享受过税收优惠政策的调查情况

从表 5－32 和图 5－20 中可以看出，在被调查的 231 家广州市科技型小微企业中，很少享受税收优惠政策的占比最高，为 57. 58%，没有享受过税收优惠政策的占比为 11. 69%，可见绝大部分的广州市科技型小微企业没有或者很少享受过税收优惠政策。

表 5－32　　广州市科技型小微企业享受税收优惠程度的调查情况

享受优惠程度	数量（家）	比例（%）
非常多	20	8.66
很多	51	22.08
很少	133	57.58
没有	27	11.69

资料来源：根据问卷调查的数据整理所得。

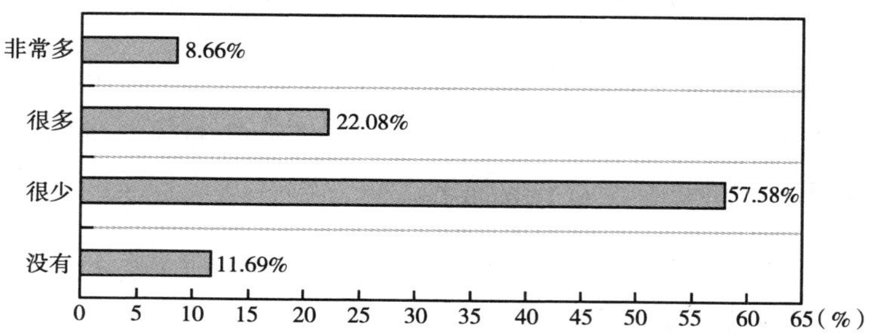

图 5－20　广州市科技型小微企业享受税收优惠程度的调查情况

（三）广州市科技型小微企业获得政府帮助的情况

从表 5－33 和图 5－21 中可以看出，在被调查的 231 家广州市科技型小微企业中，45.02%的企业希望得到与高等院校、科研机构的联系渠道，占比最高，其次是资金支持，占比为 40.69%，可见广州市科技型小微企业希望得到政府的资金扶持以及政府主导下的校企合作的意愿强烈。

表 5－33　　广州市科技型小微企业希望得到政府服务的调查情况

希望得到的服务	数量（家）	比例（%）
专家技术咨询	86	37.23
技术信息	78	33.77
与高等院校、科研机构的联系渠道	104	45.02
共性关键技术研发	62	26.84
资金支持	94	40.69

续表

希望得到的服务	数量（家）	比例（%）
技术创新成果交易渠道	76	32. 90
技术设施共享	32	13. 85
公共技术服务	21	9. 09
其他	2	0. 87

资料来源：根据问卷调查的数据整理所得。

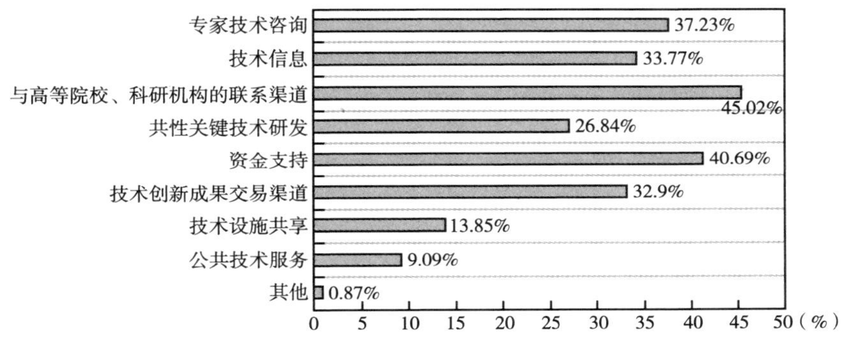

图 5－21　广州市科技型小微企业希望得到政府服务的调查情况

从表 5－34 和图 5－22 中可以看出，在被调查的 231 家广州市科技型小微企业中，50. 65% 的企业获得过政府提供信息的帮助，占比最大，而后分别是搭建公共技术平台、提供咨询与培训、提供融资和提供法律援助等，可见广州市科技型小微企业获得过政府帮助的种类较多。

表 5－34　　广州市科技型小微企业获得过政府帮助的调查情况

政府的帮助形式	数量（家）	比例（%）
提供融资	63	27. 27
提供信息	117	50. 65
搭建公共技术平台	107	46. 32
提供咨询与培训	86	37. 23
提供法律援助	52	22. 51
没有	35	15. 15
其他	0	0

资料来源：根据问卷调查的数据整理所得。

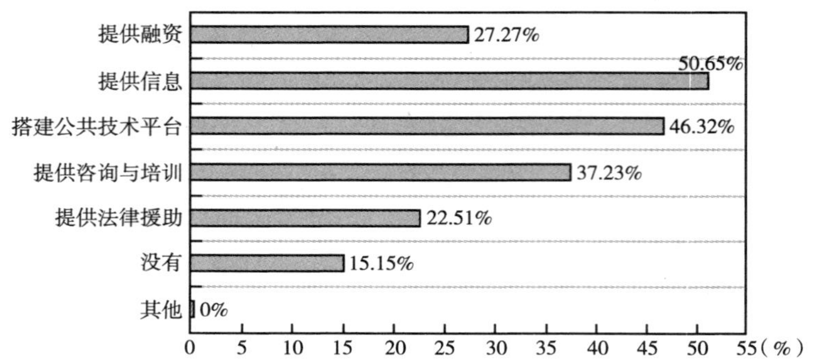

图 5－22 广州市科技型小微企业获得过政府帮助的调查情况

从表 5－35 和图 5－23 中可以看出，在被调查的 231 家广州市科技型小微企业中，享受过政府专项基金的企业只占 38.53%，61.47% 的企业未享受过政府专项基金，说明广州市科技型小微企业享受过政府专项基金的占比较小。

表 5－35 广州市科技型小微企业享受过政府专项基金的调查情况

是否享受过政府专项基金	数量（家）	比例（%）
是	89	38.53
否	142	61.47

资料来源：根据问卷调查的数据整理所得。

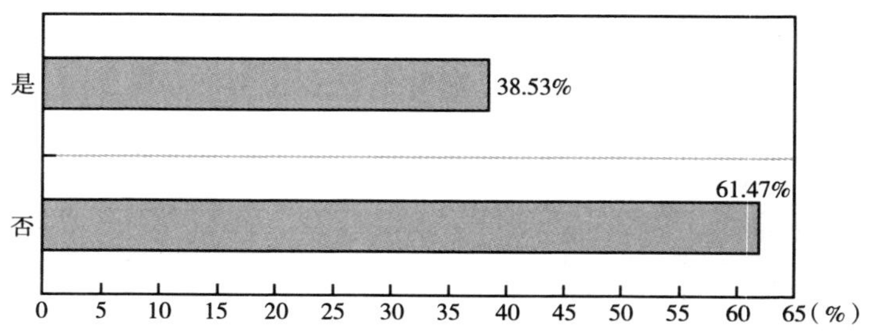

图 5－23 广州市科技型小微企业享受过政府专项基金的调查情况

第三节 基于生命周期理论的企业成长特性分析

本章从广州市科技型小微企业成长环境特性和成长过程特性两个方面分

析广州市科技型小微企业的成长现状，同时由于科技型小微企业的成长与企业所处的生命周期有着较大的关联性，因而本章基于企业生命周期理论，从初创期、成长期、成熟期和衰退期四个不同成长阶段对广州市科技型小微企业的成长特性进行分析。

一、初创期的企业成长特性

科技型小微企业初创期是指科技人员或机构对科技成果开展生产可行性研究、手艺难点攻关和量产尝试，将技术转化为实际的生产力，生产出符合市场需求的新产品的进程。在企业初创期，广州市科技型小微企业的主要特征如下：从资金来源方面来看，科技型小微企业所需的资金规模较小，但是资金投入比较密集，由于企业处于创业初期，企业销售能力和盈利能力较弱，短期内难以得到金融机构的融资认可，因此科技型小微企业在这一个时期主要依靠股权筹资却较难获得债务筹资。从组织结构方面来看，企业的员工数量相对较少，并且多数员工是一人身兼数职，目的是减少公司的行政费用。企业的组织结构模式一般采用科层组织结构中的直线指挥机构。从市场环境方面来看，科技型小微企业多数属于高新技术企业，产品的市场和发展潜力大，但是由于规模小、生产能力有限，其产品所占市场份额较少，难以在市场上占据有利地位。从风险特征方面来看，主要体现在创业风险方面，即把科技成果转化为现实生产力的过程中所产生的各种经营风险、产品风险、市场风险等。为了支持广州市科技型小微企业的成长，2012～2017年，广州市出台了一系列扶持科技型小微企业发展的政策，包括《广州市加快创新驱动发展实施方案》《广州市科技创新小巨人企业及高新技术企业培育三年行动计划（2015－2017年）》《广州市科技型中小企业信贷风险补偿资金池管理办法》等，在政策的大力扶持下，科技人员、归国留学人员、大学毕业生创办的科技型小微企业的数量剧增，广州市科技型小微企业的诞生率有所提高，企业专利申请受理数、授予量以及通过高新技术企业认定的企业数量都呈现增长态势。

二、成长期的企业成长特性

科技型小微企业经过初创期，逐步将科技成果转化为现实生产力，并占据一定的市场份额，进入成长期。在这一阶段，企业主要以提高市场竞争力、扩大市场份额为主要目标，广州市科技型小微企业的主要特性如下：从技术创新方面来看，企业主要目的是提升科技创新能力，加强对高新技术产品的研究开发力度，以保持技术创新的优势。从资金方面来看，企业为了应对市场需求以及技术研发，需要投入大量资金。虽然企业在不断发展，融资渠道也在不断拓宽，但是由于所需资金庞大，企业的资金往往满足不了实际的需求，因此提高融资能力是关键。从组织结构方面来看，科技型小微企业以事业部制为主，这是因为事业部制的组织结构更有利于各部门间的相互配合，使组织结构具备整体性和灵活性。从风险特征方面来看，在企业成长期，广州市科技型小微企业需要面对市场风险、财务风险以及管理风险。从市场环境方面来看，企业产品在市场上拥有一定的核心竞争力，市场份额逐步提高。但是在此阶段，科技型小微企业也面临新的挑战，例如市场环境难以把握，新竞争者不断出现，所以，企业应密切关注市场需求，调整公司产品、服务和营销方式以适应市场的新需求，增强企业的核心竞争力。为了支持广州市科技型小微企业又快又好地发展，2014 年广州市出台《广州市人民政府办公厅关于促进科技企业孵化器发展的实施意见》，在政策的推动下，2015 年，广州市科技企业孵化器达到 119 个，其中国家级孵化器 16 个（包括国家级大学科技园 2 个）、国家大学生科技创业见习基地试点单位 4 个、省级孵化器 13 个、市级孵化器 25 个，全市孵化器总面积达 650 万平方米。[①] 2012～2017 年，广州市科技企业孵化器的数量、面积和在孵企业数都逐年增加。

三、成熟期的企业成长特性

科技型小微企业在经历成长期之后，企业的销售增长率和利润增长率达

① 资料来源：根据广州市技术科技局公布的《2015 年广州市科技创新发展数据汇编》整理而得。

到一定程度后逐渐趋于平稳，进入成熟期。在这一时期，企业在市场上占据较大的份额，技术研究也趋于成熟。广州市科技型小微企业的主要特征如下：从技术创新方面来看，企业规模已经达到一定程度和技术已经处于成熟的状态，企业对于技术研发投入有所放缓。为了使企业保持稳定增长的态势，企业仍需加大对科技创新的投入力度，以保持技术创新的优势。从资金需求和来源方面来看，科技型小微企业占据较大的市场份额，因此能形成稳定的资金流。企业资金投入主要是为研发新技术，融资渠道相对于成长期会更广。从组织结构方面来看，以事业部制组织结构为主，与成长期相比，企业的管理制度更加优化，人员配置更加合理，具有相对稳健的组织结构。从风险特征方面来看，这一时期企业的产品已在市场上占有较大份额，管理风险、市场风险有所降低，但是技术面临落后的风险，因此技术风险增大。从市场环境方面来看，企业的市场地位比较稳固，但由于新竞争者的大规模涌入，市场竞争也更加激烈。因此在此阶段，加大技术研发力度，占据细分市场，拓宽企业成长空间是关键。为了支持广州市科技型小微企业突破成长瓶颈，支持广州市科技型小微企业进行技术研发，广州市相关政府部门应加大对科技型小微企业的扶持力度。2015 年，广州市科技服务企业达到 1 万家，从业人员近 15 万人；开展科技咨询 654 次，举办实用科技培训 665 人次，实用技术培训人数达 52 632 人。[①] 广州国家高新技术产业开发区被科技部批准为国家首批科技服务业试点单位，可见广州市在科技服务方面的发展力度在不断增强。

四、衰退期的企业成长特性

在衰退期，广州市科技型小微企业的主要特性如下：从技术创新方面来看，企业不再拥有技术优势，企业人才大量流失，没能开发新的产品以顺应市场需求。从资金需求和来源方面来看，企业处于生命周期的最后一个阶段，资金的来源主要是资产的处置收入，此时企业不以销售商品获利，资金需求

① 资料来源：根据广州市技术科技局公布的《2015 年广州市科技创新发展数据汇编》整理而得。

降低。从组织结构方面来看，此阶段企业的组织结构不能适应业务发展的需求，企业治理缺乏监督和控制机制。从风险特征方面来看，企业面临偿还大量借款的财务风险。从市场环境方面来看，企业所占市场份额不断减小，企业生产的产品没能适应市场的需求。

第四节　广州市科技型小微企业成长优势

（一）政策支持力度不断增强

2011～2019年，广州市相继出台了针对科技型小微企业的扶持政策，政策覆盖金融、财税、创新和人才等方面。在金融方面，从在小微企业创新发展活跃的区域建设一批创新创业金融街（园区），到鼓励保险公司和银行机构优先对符合条件的小微企业创业者给予支持；① 在财税方面，从进一步完善市科技创新小巨人企业库建设，对纳入市科技创新小巨人企业库的企业，由市、区两级财政按照一定的比例，给予每家总额为20万元的经费补贴，专项用于企业开展研发、创新能力提升等活动，到充分发挥市科技成果产业化引导基金作用，带动社会资本投资种子期、初创期科技型中小企业；② 在创新方面，从支持中小微企业开展技术创新，推动小微企业做大做强，到推动龙头企业通过工业互联网向产业链上下游企业开放能力和共享资源，通过资源出租、服务提供、产融结合等方式，向产业链上下游中小企业开放数据入口，实现数据信息、计算能力、创新资源共享，带动中小企业开展应用创新；③ 在人才方面，从支持民营企业人才培养引进等措施都可以看出，广州市对科技型小

① 广州市人民政府印发《关于广州市构建现代服务体系三年行动计划（2016－2018年）》和《关于促进广州绿色金融改革创新发展的实施意见》。

② 广州市科技创新委员会和广州市科学技术局分别印发《关于广州市高新技术企业树标提质行动方案（2018－2020）的通知》和《广州市建设科技创新强市三年行动计划（2019－2021年）》。

③ 广州市人民政府办公厅印发《关于促进全市经济技术开发区转型升级创新发展的若干意见》和《关于广州市深化“互联网＋先进制造业”发展工业互联网行动计划的通知》。

微企业的政策支持力度在不断增强。①

（二）科技创新载体建设有所加强

2012～2017年，广州市科技创新载体的建设有所加强，从完善科技企业孵化器建设用地政策到通过“三旧”改造建设重大科技基础设施、省实验室、高新技术企业，以及新型研发机构、科技企业孵化器和众创空间等都可以看出，随着广州市科技创新载体建设的不断加强，能为广州市科技型小微企业的发展提供良好的机会。②

（三）科技服务力度不断增强

2012～2017年，广州市不断加大科技宣传力度，创新科技宣传形式，营造浓厚的科技创新氛围，同时积极开展科技咨询活动，举办科技培训等为科技型小微企业的科技创新创造良好的外部条件。

① 广州市委、广州市人民政府印发《关于促进民营经济发展的若干措施》。

② 广州市人民政府办公厅印发《关于加快科技创新的若干政策意见》和《关于进一步加快促进科技创新政策措施》。

第六章
广州市科技型小微企业的成长困境及原因分析

通过对广州市科技型小微企业的成长现状进行分析，可以看出广州市科技型小微企业的成长有其优势，但也存在着困境，为了帮助广州市科技型小微企业突破成长的瓶颈，走出成长困境，本章对广州市科技型小微企业的成长困境及其原因进行分析，广州市科技型小微企业的成长困境在以下进行了详细的介绍。

第一节　广州市科技型小微企业的成长困境

一、科技创新投入不足

从前面表 5－20 和表 5－25 可以看出，广州市科技型小微企业通过高新技术企业认定的占比较低，在被调查的 231 家广州市科技型小微企业中，将近一半的企业没有通过高新技术企业的认定，另外 42.86% 的企业认为科研经费投入不足是导致企业技术创新难以实行的主要原因，从以下表 6－1 和图 6－1 也可见，在被调查的 231 家广州市科技型小微企业中，29.87% 的企业认为当前最重要的一项工作是做好主业同时开展其他业务，22.51%的企业认为应全力争取客户，可以看出当前广州市科技型小微企业还停留在求生存的阶段。虽然广州市科技型小微企业重视科技创新，但是大部分的企业目前处于初创期和成长期，资金比较薄弱，没能投入大量稳定资金来支持科技创新，因此导致企业科技创新的投入不足。由于广州市科技型小微企业资本量和技术人员都有限，因此当前广州市科技型小微企业往往只能进行单一的技术开发，难有能力再进行平行的技术开发或为研发失败准备替代技术。

表6-1　　广州市科技型小微企业当前最重要的一项工作调查情况

当前工作	数量（家）	比例（%）
全力争取客户	52	22.51
努力增加收入	47	20.35
做好主业同时开展其他业务	69	29.87
快速扩张企业规模	49	21.21
维护现有市场份额	11	4.76
其他	3	1.3

资料来源：根据问卷调查的数据整理所得。

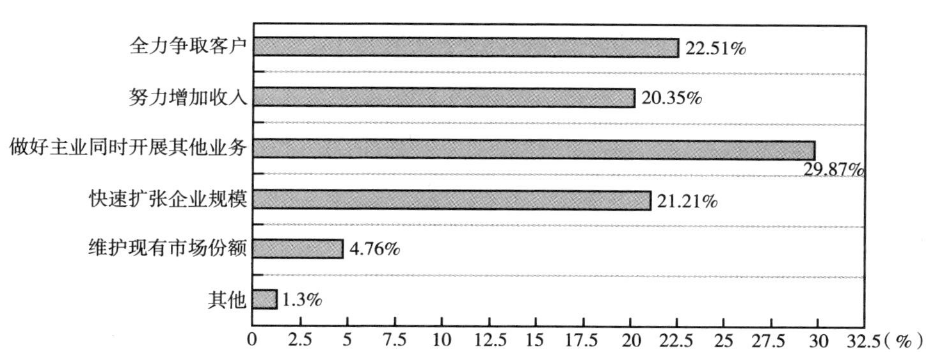

图6-1　广州市科技型小微企业当前最重要的一项工作调查情况

二、承担风险的能力有限

广州市处于珠江三角洲中心地带，在经济高速增长的同时，消费水平和生产成本也逐年增高。另外，随着房价的上涨，房子的租金也水涨船高，用于租用办公场所和生产基地的高昂费用也使得广州市科技型小微企业的资金压力变大。科技型小微企业对技术要求高，科技创新需要企业对人力、物力和财力的持续投入。若是企业自主研发产品，前期投入的研发资金庞大，而后期能否研发出新产品具有不确定性，造成企业后期资金回笼有较大的不确定性。即使能够顺利研发出新产品并投产，资金回笼也需要时间；如果研发产品不成功或者是产品达不到预期效果，那么前期的资金投入都会成为沉没成本，对企业造成较大的冲击；又或者是产品研发成功，但是市场接受度不高，也会影响到企业后续的现金流。综上所述，科技型小微企业存在规模小以及产品研发具有不确定性的困境，研发一旦失败，由于资源有限，企业很难找到该项目失败的风险补偿资源，因而企业面临巨大的风险，甚至可能导致企业直接破产。从表6－2 和图6－2 中可以看出，在被调查的231 家广州市科技型小微企业中，处于成长期的企业占比为45.45%，处于创立期的企业占比为21.65%，两者占比超过67%。可见绝大部分的广州市科技型小微企业处于创立期和成长期，企业正处于生存和发展的关键时期，对前景的把握不准，再加上企业资金紧张、融资难，因此企业承担风险的能力有限。

表6－2　　广州市科技型小微企业所处的发展阶段调查情况

发展阶段	数量（家）	比例（%）
种子期	16	6.93
创立期	50	21.65
成长期	105	45.45
成熟期	45	19.48
蜕变期	15	6.49

资料来源：根据问卷调查的数据整理所得。

三、产学研合作效果不佳

从性质上来看，科技型小微企业是实践产学研合作的最好选择，从以上表5－26 和表5－33 中可以看出，这种要求政府、企业和学校三者间相互交

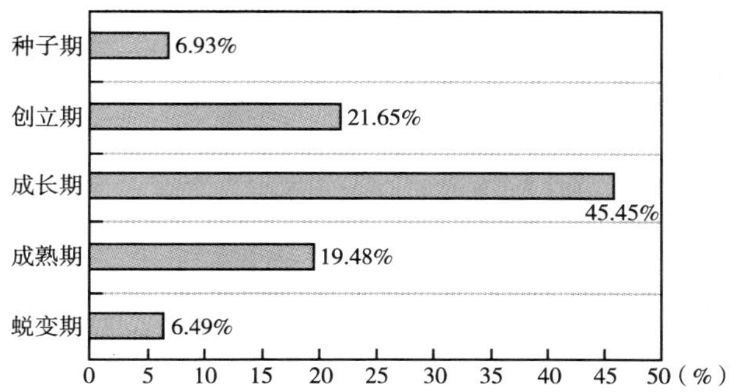

图6－2　广州市科技型小微企业所处的发展阶段调查情况

叉结合并角色互换的模式，并不能很好地发挥效果。调查显示影响广州市科技型小微企业技术创新的主要原因包括了产学研沟通不畅，企业最希望得到政府的帮助是拓宽与高等院校、科研机构的联系渠道。从以下表6－3和图6－3中也可以看出，在被调查的231家广州市科技型小微企业中，32.9%的企业遇到技术难题时的处理方式为依靠自己的力量解决，该方法占比最高，企业自主攻关技术难题依然是其首选，当前企业得到高等院校、科研机构专家提供的技术支持并不多。

表6－3　　广州市科技型小微企业遇到技术难题的处理方式调查

遇到技术难题的处理方式	数量（家）	比例（%）
依靠自己的力量解决	76	32.9
请上级主管部门派技术人员来企业解决问题	43	18.61
请中介服务机构组织专家组来企业诊断并组织技术攻关	51	22.08
聘请专家解决问题	43	18.61
通过招标方式请专家解决问题	18	7.79

资料来源：根据问卷调查的数据整理所得。

四、创新人才缺乏

创新人才是科技型小微企业发展中最重要的要素，科技创新的主体是人。2013～2017年，广州市中小型科技企业的雇工人数从66 165人增加到97 894

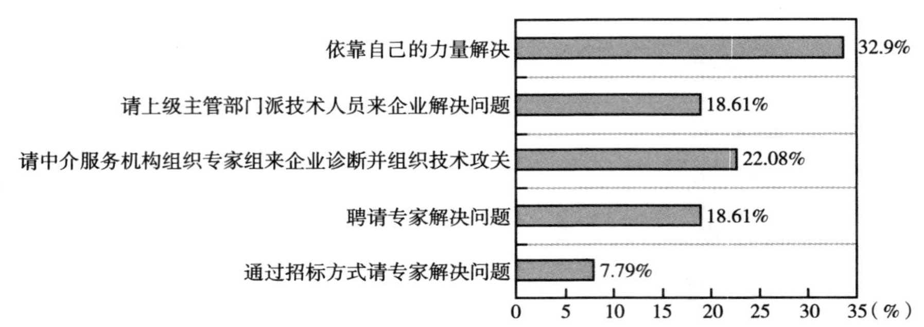

图6－3　广州市科技型小微企业遇到技术难题的处理调查情况

人，但是，由于科技型小微企业本身规模不大，企业核心技术人员较少，一般情况下企业员工都是一人身兼数职，科技型小微企业的高技术人员很难满足企业发展的需求。另外，高技术高素质人才对薪资要求较高，而科技型小微企业由于前期资金投入巨大，与其他上规模和实力强的公司相比，很难提供更有优势的薪酬，从表6－4中可以看出，近几年广州市居民的人均消费支出在不断上升，尽管居民人均收入也在持续上涨，但是面对高额房价、车价和不断上涨的物价，生活压力持续攀升，迫于缓解生活压力人们更倾向于到大型企业或国有企业就职，使得科技型小微企业在人才招聘上处于比较弱势的地位。再者由于广州市优越的地理位置，能吸引更多年轻人就业，而科技型小微企业由于其成长性往往更容易吸引年轻人就职，科技型小微企业的员工年龄普遍在20～40岁，人才的年轻化使得企业发展更具有活力，但年轻员工在积累了一定的经验后，往往希望到上规模和实力强的企业发展而从科技型小微企业辞职，这是造成科技型小微企业高技术人才缺失的又一原因。

表6－4　2013～2017年广州市城市居民人均可支配收入和人均消费支出情况　单位：元

年份	2013	2014	2015	2016	2017
城市居民人均可支配收入	42 049	42 954	46 734	50 940	55 400
城市居民人均消费支出	33 156	33 384	35 752	38 398	43 636

资料来源：广州市统计局。

从前面表5－23、表5－25和表5－26也可以看出，广州市科技型小微企业存在留人难、招人难和培训难等问题。科技型小微企业由于自身规模和所处发展阶段，加上社会文化导向、人才价值观念取向等问题导致科技型小微企业对人才吸引力不足，高水平人才倾向于选择大中型企业；优秀应届毕业生和成熟的科技人才更倾向于效益良好的大中型国有企业、政府机关、事业单位和外资企业，造成科技型小微企业很难招聘到符合自身创新发展需要的核心技术人才；另外政府机构尚未设立服务于科技型小微企业的人才市场，而社会中介组织和行业协会等在人才服务、人才资源配置以及人才信息提供等方面对科技型小微企业的支持力度也不足，加剧了广州市科技型小微企业创新人才缺乏的困境。在人才培养方面，通常大型科技型企业设立有博士后流动站等人才培养机构，而科技型小微企业难以具备这份实力，与高校、研究机构的合作也多限于技术交流。广州市科技型小微企业在技术创新中面临的企业技能培训经费不足、缺乏合适的培训机构和人员以及没时间安排培训等人才培养问题并未得到有效解决，这也是广州市科技型小微企业创新人才缺乏的另一个原因。

五、社会化服务体系不够健全

从表6－5和图6－4中可以看出，在被调查的231家广州市科技型小微企业中，56.28%的企业需要技术研发服务，49.35%的企业需要技术信息咨询，广州市科技型小微企业的发展不仅需要政府在金融、财税方面的政策支持，也需要其在技术研发、技术成果转让、技术信息咨询、技术人员培训和技术项目评估等方面提供支持，社会化服务体系的建设和完善是广州市科技型小微企业快速发展的重要保障。

表6－5　　广州市科技型小微企业需要中介服务的调查情况

中介服务的内容	数量（家）	比例（%）
技术研发服务	130	56.28
技术成果转让	72	31.17
技术信息咨询	114	49.35
技术人员培训	96	41.56
技术项目评估	65	28.14
研发资金	33	14.29

资料来源：根据问卷调查的数据整理所得。

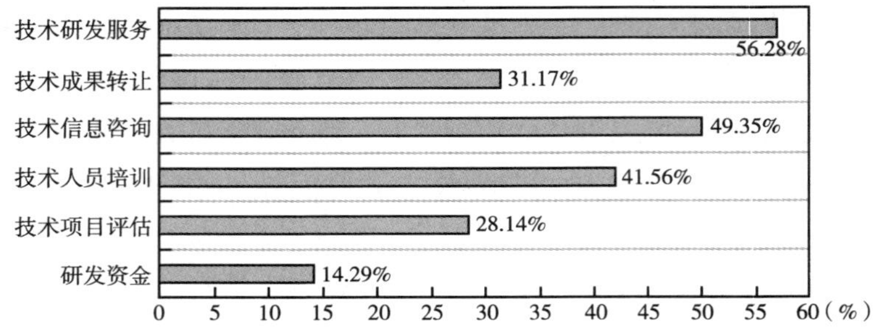

图 6－4　广州市科技型小微企业需要中介服务的调查情况

当前的社会化服务体系尚不健全，社会化服务企业质量参差不齐，未能很好地为广州市科技型小微企业提供全面、便捷的服务。具体表现为：（1）科技型小微企业公共服务资源平台建设有待完善。从以下表 6－6 和图 6－5 中可以看出，在被调查的 231 家广州市科技型小微企业中，65.8% 的企业认为优惠政策难以推行最主要的原因是手续烦琐、享受政策成本高。知识产权申报周期长、小微企业在招标和项目申报等方面受到限制或不公平待遇，挫伤了企业的积极性。（2）科技类公共服务设施设备、数据信息与网络、公共实验室等资源平台建设尚待完善，仍然缺少信息交流和资源共享的有效渠道。（3）社会化服务体系一般是由政府机构以外的中介机构和科研院校等组成。这些机构为科技型小微企业提供技术咨询、人员培训、融资担保等服务，然而当前这些机构未能充分发挥其应有的作用，服务效率不高，究其原因主要是它们受政府干预较多，多头管理造成管理混乱等。

表 6－6　广州市科技型小微企业认为优惠政策难以推行的原因调查情况

优惠政策难以推行的原因	数量（家）	比例（%）
不知道有该政策	75	32.47
手续烦琐、享受政策成本高	152	65.8
不符合政策条件	79	34.2
职能部门不执行	68	29.44
政策吸引力弱	60	25.97

资料来源：根据问卷调查的数据整理所得。

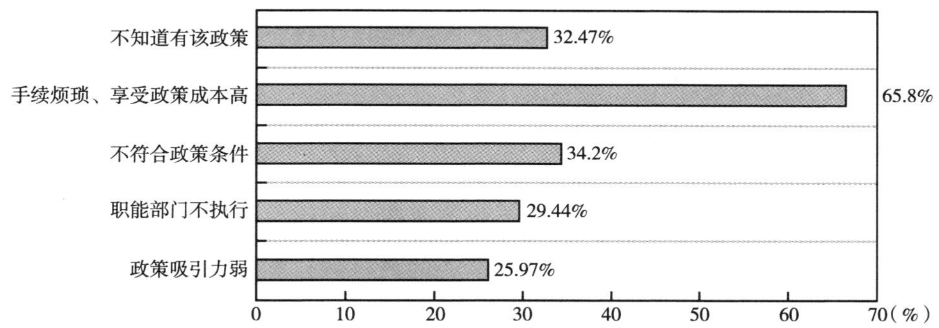

图 6－5　广州市科技型小微企业认为优惠政策难以推行的原因调查情况

六、融资结构不尽合理

目前，科技型小微企业的融资渠道主要有以下几个：企业内部积累或筹资、政府政策性资金支持、金融机构贷款、证券市场融资。就广州市而言，科技型小微企业由于规模小、风险大，其融资方式仍以自筹资金为主。为了解决科技型小微企业融资难的问题，广州市人民政府办公厅在 2015 年颁布了《关于促进科技、金融与产业融合发展的实施意见》，支持科技型小微企业的发展。另外，支持银行建立科技专营机构，支持科技型小微企业通过金融机构获得贷款，这些措施的制定都可以看出广州市科技型小微企业在融资方面有较好的政策支持。但是政策支持的惠普范围难以遍及所有企业，而且从另一个角度来看，科技型小微企业能够用来抵押的资产甚少，担保能力比较弱，使得科技型小微企业要获得银行贷款依然难度较大。可见广州市科技型小微企业的融资环境并不乐观，当前科技型小微企业依然以自筹资金为主，其融资难度较大。

从前面表 5－15、表 5－16、表 5－23 和表 5－33 也可以看出，现阶段广州市科技型小微企业由于融资难度大而导致融资结构不尽合理，具体表现如下：（1）支持广州市科技型小微企业发展的基金种类较少，基金规模较小，政策覆盖面相对于广州市科技型小微企业的数量而言也显不足。（2）当前科技型小微企业的融资主要是内源融资，以自有资金为主，科技型小微企业首选的贷款方式依然是银行贷款。虽然政府积极推动金融创新以及扶持广州市科技型小微企业上市融资，但是企业除银行体系之外的融资规模仍然较小，远不能满足广州市科技型小微企业的融资需求。（3）广州市科技型小微企业没能很好利用信用担保进行融资。科技型小微企业由于规模小，存续期限短，信用、资信等相关信息不明确，加上缺乏商业银行认可的抵（质）押物，往往难以获取商业银行贷款，在此背景下，广州市科技型小微企业如果能够通过信用担保机构提供的信用担保进行融通资金，便可以缓解融资难的问题。但是，我国目前尚未形成全面客观、公正可行的科技型小微企业信用评价体系，缺乏完整统一的信用平台，评价结果难以准确反映企业的真实信用情况，导致广州市科技型小微企业利用信用担保融资的方式难以实现。

由于广州市科技型小微企业的融资途径有限，导致企业融资结构不合理。随着互联网金融这一新兴金融模式的不断丰富和完善，更多开放、高效、互信、互利的金融创新业务的推出，有望扭转广州市科技型小微企业融资结构不合理的困境。

七、政策体系不够系统

科技型小微企业的重要性日益显现，政府采取了一系列政策支持科技型小微企业的发展，但是现行政策远没有形成完善的扶持体系。一方面在于现行政策主要针对中小企业或者科技型中小企业，相关政策措施虽然覆盖了科技型小微企业，但是无法真实地反映出科技型小微企业独有的特点，政策缺乏针对性，效果大打折扣。另一方面现阶段科技型小微企业与政府、社会的信息共享机制并不完善，导致信息不对称，这既不利于科技型小微企业扭转成长的困境，也不利于政府为科技型小微企业提供及时、有针对性的扶持政策。

第二节　广州市科技型小微企业成长困境成因分析

从以上的分析可以看出，广州市科技型小微企业在成长过程中存在着一系列影响其发展的问题，主要是资金压力、经营风险和融资难度大、缺乏创新人才、产学研合作不佳、社会服务体系不健全、政策体系不够系统等。广州市科技型小微企业想要保持良性发展则必须突破成长的瓶颈，走出困境才能焕发新机。为了了解广州市科技型小微企业成长困境的成因，本章运用SWOT分析的方法，研究广州市科技型小微企业成长的困境成因，同时结合企业生命周期，对广州市科技型小微企业的四个不同成长期进行具体分析，为解决广州市科技型小微企业成长困境提供研究依据。

一、SWOT分析

SWOT分析模型主要从企业的优势、劣势、机会、威胁四个方面对广州市科技型小微企业的成长现状进行剖析，研究广州市科技型小微企业内外部环境对其成长的影响，从不同的角度探究阻碍其发展的困境，具体见表6-7。

表6-7　SWOT情况

优势（S）	劣势（W）
员工素质高； 规模小，船小好调头； 产品附加值高	政府扶持体系不完善； 政府的财政扶持力度小； 技术创新能力较弱； 融资难度大； 缺乏高新技术人才
机会（O）	**威胁（T）**
政府出台多项政策促进科技型小微企业发展； 高新区、高新技术产业园、科技企业孵化基地建设步伐加快； 政府扶持力度的加大	兄弟省市科技型小微企业的竞争； 科技型大中企业的竞争； 民众对新产品、新技术的高要求导致产品更新换代和技术迭代的速度快

从表6-7中可以看出，当前广州市科技型小微企业在成长过程中，具有一定的优势和机会，但同时也应看到，广州市科技型小微企业在成长过程中存在着劣势和威胁，例如，存在着政府的财政扶持力度小；融资渠道不够顺畅，融资难度大；民众对新产品、新技术的高要求导致产品更新换代和技术

迭代的速度快；缺乏高新技术人才等。这些劣势和威胁有的是由外部的政治、经济和社会引起的，有的是由企业内部的技术投入和研发力度不足引起的，无论是外部因素还是内部因素，这些劣势和威胁都是广州市科技型小微企业成长困境形成的原因。

二、企业生命周期分析

本章基于企业成长的初创期、成长期、成熟期、衰退期四个时期分析广州市科技型小微企业不同成长期的特征，并剖析各个时期企业面临问题的原因，为解决广州市科技型小微企业成长困境提供研究依据，具体见表6－8。

表6－8　企业生命周期分析

生命周期	原因分析
初创期	在初创期，企业主要面临融资困难、资金短缺、技术创新能力弱等问题，主要是因为在这个时期，企业刚成立，规模小，能够抵押的资产少，难以从金融机构获得融资，导致资金短缺，同时技术创新能力相对较弱
成长期	在成长期，企业面临的主要问题是企业管理水平跟不上企业的发展，主要是因为在成长期，企业刚从创业初期成长起来，企业的组织结构发生比较大的变化，旧的管理体制不适应企业发展的需要，同时在这个时期，企业融资仍然困难，企业资金投入密集，导致资金缺口较大
成熟期	在成熟期，企业主要面临高素质人才短缺和技术创新能力弱等问题，主要原因是在成熟期，企业的规模和经营比较稳定，产品占据一定的市场份额，但是社会对高技术产品的要求也越来越高，从而促使企业需要更多的高技术人才进行产品开发。另外，企业的管理体制逐步完善，但却面临缺少专业管理人员的困境；原本旧的技术不断失去市场优势，亟待新技术的出现，但企业技术人员的创新能力却难以应对新技术的研发，企业迫切需要提升员工的技术创新能力
衰退期	在衰退期，企业面临的主要问题是人才流失严重、技术创新能力弱。主要是因为企业在这个时期已经开始走下坡路，销售额不断减少，市场出现较多新产品，竞争激烈，企业难以占据有利的市场地位，导致企业利润逐渐下降，人才流失严重；同时，市场上产品更新换代的速度快，企业原有的技术没能及时更新，产品和技术跟不上市场的需求，导致企业发展缓慢甚至停滞

从表6－8的分析中可以看出，科技型小微企业在不同成长期面临着不同的成长困境，因此对于广州市科技型小微企业的扶持，应结合企业不同的成长期有针对性地制定政策，提供财政、税收、技术服务、融资等支持，而不是一概而论。

三、广州市科技型小微企业成长困境成因综合分析

综合广州市科技型小微企业成长困境的调查结果以及基于SWOT分析和企业生命周期分析，本章对广州市科技型小微企业成长过程具体成因进行综合分析，以便更深入地研究广州市科技型小微企业成长困境的成因。

（一）技术创新能力弱成因分析

一方面，科技型小微企业本身规模不大、企业的可用资产不多，并且所投入的资金能否获得技术研发的成功往往是未知数，收益也是未知数，其风险远远高于传统企业。倘若研发失败，所投入的资金没能带来相应的收益，这将导致企业的可用资金更少，影响科技型小微企业技术研发的资金投入。另一方面，银行等金融机构更愿意为国企、大型企业提供贷款，科技型小微企业难以获得银行的大额贷款。据此可见，由于科技型小微企业存在较大的研发风险，加上资金不足，使得科技型小微企业技术创新能力落后于大中型企业。大多数科技型小微企业创新能力不足还在于后续研发投入跟不上，导致科技型小微企业所研发的技术含金量不够，未能形成企业的技术竞争优势，也不利于科技型小微企业的长期发展，这些都是导致科技型小微企业技术创新能力弱的原因。

（二）产学研合作效果不佳成因分析

当前科技型小微企业的产学研合作效果并不佳，有外部的原因，也有企业内部的原因。外部原因在于政府相关部门的引导作用没能很好发挥出来，没有相应的信息平台帮助科技型小微企业对接高校以及研究所，政府在引导产学研合作过程中的政策激励和政策保障作用没能发挥出来，在产学研后期，

科研成果的经济效应认定，权益的保障缺少相关法律法规的保护；内部原因在于科技型小微企业开展产学研合作的意识不强，在技术研究方面还是习惯“单打独斗”，一方面在于产学研方面的信息沟通不畅，另一方面还在于科技型小微企业的经营目的是盈利，而高校、研究机构更重视社会效应，因此在合作过程中，难免会有分歧和摩擦，导致产学研合作的效果不佳。

（三）缺乏创新人才成因分析

科技型小微企业一般由几个核心技术人员创立，随着企业不断发展，所需要的技术人员不断增加，在管理方面也相应需要专业的管理人员，但是科技型小微企业在管理和技术研发等方面明显缺乏专业的人才。一方面在于科技型小微企业获取人才的渠道比较单一，大多数科技型小微企业通过网络招聘或熟人推荐的形式来招聘人才，而且更多是通过网络招聘。采用网络招聘是因为其成本较低、信息发布迅速，但是采用网络招聘也存在弊端，那就是不能全面地考核一个人的真实能力与素质，所以较难招聘到合适的人才。相较于大中型企业，科技型小微企业在人才储备、人才梯队建设方面欠缺长远的规划，往往是临时需要什么人才急招什么样的人才，而大中型企业一般会提前进行规划确保人才的储备。但科技型小微企业往往未能做到这一点，有些科技型小微企业甚至未专门设立人力资源管理部门。另一方面科技型小微企业由于资金有限没能投入大量的经费对员工进行培训，使得科技型小微企业的员工创新能力难以得到提升。科技型小微企业存在的诸如招聘不专业、人才培养不系统、薪酬制度设计不合理等方面的问题，使得科技型小微企业难以获取创新人才和留住创新人才。

（四）社会化服务体系不够健全成因分析

在发达国家，技术创新社会化服务体系是由国家牵头建设，是国家创新系统建设的重要组成部分，为了支持科技型小微企业的成长，许多国家专门制定了支持科技型小微企业技术创新的扶持政策，其中就包括完善社会化服务体系。由于我国政策扶持力度不够，当前没有专门针对科技型小微企业的信息服务平台，科技型小微企业很难通过专业的平台获得技术、市场等方面的信息，由此造成科技型小微企业获取相关信息的成本较高。由于专门针对科技型小微企业的社会化服务体系建设不健全，没有专门的中介服务机构，使得科技型小微企业在利用信息服务、管理咨询、技术咨询、专业培训等方面没能与专业的中介机构进行对接，这也是科技型小微企业成长困境的原因所在。

（五）融资难度大成因分析

当前融资难度大已经成为广州市科技型小微企业成长过程中的重大阻碍，这与企业自身的特性有关，广州市科技型小微企业规模小，经营风险大；企业可用资金少；没有足够的抵押物作为担保；企业投入研发费用之后并不一定能获得收益，企业研发风险大。除了企业自身的特性导致科技型小微企业融资难之外，广州市科技型小微企业融资难的成因还有以下几种。

1. 融资渠道不畅通。科技型小微企业的融资需求高，但是由于针对科技型小微企业的信用平台尚未建立，金融机构和担保公司要获得科技型小微企业的信息比较难，企业想要获取信用贷款难度较大，科技型小微企业的融资渠道并不畅通。另外，金融机构出于风险的考虑，在科技型小微企业提出贷款申请时往往会提出较高的要求，以规避金融机构由于科技型小微企业未能在规定时间内偿还债务而需承担的风险，即使企业能顺利通过贷款审批，但获得的资金量往往有限，很难满足科技型小微企业在成长过程中的资金需求。

2. 信用评估体系不完善。目前，针对广州市科技型小微企业的融资平台才开始建立，与其相关联的信用评估体系还不完善。虽然多年前就开始构建小微企业信用评估体系，但是信用评估体系的建立需要对科技型小微企业的数据进行采集，而数据采集需要多个政府部门的配合，需耗费大量的人力与时间，所以到目前尚未建立包含科技型小微企业经营状况与法人信用等相关信息的综合评价信息系统。部分科技型小微企业申请的贷款未获银行通过，这其中的原因跟当前科技型小微企业信用评估体系不完善和未建立科技型小微企业信用评价平台有关。对于科技型小微企业提出的贷款申请，银行无法确定法人的信用是否合格，企业财务制度是否有效且有秩序；企业有没有及时披露相关信息，会不会导致信息滞后，因此没办法对科技型小微企业的信用进行综合评价。

3. 财务制度不完善。科技型小微企业本身规模不大，员工人数也不多，加上大多数企业是初创企业，公司的管理团队经验不足，因此在财务制度的制定方面难免出现漏洞，而且大多数企业没有聘请注册会计师对公司财务报告进行审计，使得银行等金融机构难以判断科技型小微企业提供的财务信息的客观性，导致科技型小微企业难以从银行等金融机构获得贷款。

（六）政策体系不够系统成因分析

科技型小微企业成长过程中需要多方扶持，特别是政府部门的政策保障，而当前政府相关部门并没有制定有针对性的扶持政策，政策体系不够系统导致其未能很好地保障和促进科技型小微企业成长。造成这种情况的原因主要是政策的制定没能根据科技型小微企业的成长特性、成长期等进行研判，没能结合当地的实际情况和体现科技型小微企业的实际需求，导致制定出来的政策实施效果不明显。

第七章
广州市科技型小微企业的成长机制构建

广州市科技型小微企业的成长是一个从小到大、由弱变强的过程，科技型小微企业成长的作用机制是外部环境的影响与内部条件的作用共同构成的。那么如何在动态环境下，实现各要素间协调一致，即需要建立起相应的成长机制，是促进科技型小微企业实现持续成长的关键。研究广州市科技型小微企业的成长作用机制，需要分析广州市科技型小微企业成长机制的影响要素以及要素间如何协调一致的机理。

第一节　广州市科技型小微企业成长机制要素分析

本书通过对文献总结、提炼和归纳，并结合广州市科技型小微企业成长环境特性和成长过程特性的分析，可以看出广州市科技型小微企业具有特殊的成长模式，而且在成长过程中可能遭受着高风险，能否实现持续快速成长，取决于多种因素的共同作用，这不仅有来自企业内部因素的作用，还受到外部环境因素的影响。

一、广州市科技型小微企业内生成长机制要素

张玉明教授的专著《中小型科技企业成长机制》中提到中小型科技企业

拥有与人类相类似的肌体，即也是由不同的系统所构成的有生命力的组织，其所拥有的独特资源和能力是生命力得以持续的基础，科技型小微企业的成长也会经历初创、成长、成熟和衰退这一生命周期，也会呈现出与中小型科技企业一样的状态。在张玉明教授的书中，根据相关文献整理出企业资源和能力的研究成果。在资源要素方面，沃纳菲尔特（Wernerfelt）、巴尼（Barney）研究指出资源要素包括物力资源、人力资源、组织资源；格兰特（Graunt）研究指出资源要素包括物力资源、人力资源、组织资源、财务资源、声誉资源、技术资源；格兰特（2004）研究指出资源要素包括无形资源（技术、文化）、有形资源（金融、物质资产）、人力资源；金碚（2003）研究指出资源要素包括人力资源、技术资源、资金资源、组织资源、社会关系；王核成（2005）研究指出资源要素包括财力资源、物力资源、技术资源、市场资源、人力资源、企业文化等。在能力要素方面，巴顿（Barton）研究指出能力要素包括技术能力、管理能力、价值观与行为规范等；梅耶等（Meyer）研究指出能力要素包括用户洞察力、产品技术能力、制造工艺能力、组织能力等；戴斯（Deiss）研究指出能力要素包括产品开发能力、生产能力、人力资源管理能力、产品服务创新能力等；王迎军（1998）研究指出能力要素包括生产能力、市场能力、技术能力、财务能力等；杜慕群（2004）研究指出能力要素包括市场能力（市场营销等）、技术能力、管理能力（人力资源、企业文化）；王庆喜（2004）研究指出能力要素包括制造能力、技术创新能力、营销能力、企业家能力和管理组织能力等。① 根据以上学者的研究，张玉明教授把决定中小型科技企业成长的内生成长机制构成要素归纳为企业家要素、技术创新、人力资源、融资资源、产品与市场、治理结构和企业文化七个要素。徐飞教授、宋波教授的专著《企业发展理论与成长机理》中指出企业内生发展进程的本质是企业内部各要素的合理化，所以内生发展进程对企业发展机理的解释，也就是企业内部各要素在企业发展中的作用机理，企业内部各要素包括企业家精神、公司治理、组织结构、技术链、资金链。吕波、魏国辰在《企业成长路径理论与案例》一书中指出，高技术企业的核心能力是

① 张玉明. 中小型科技企业成长机制［M］. 北京：经济科学出版社，2011.

由治理能力、管理能力和技术能力有机联系构成的一个能力系统。

本章在学者研究的基础上，结合科技型小微企业生命体特性和神经网络理论的分析结果，按照系统性、简洁性、实用性和重要性原则，将决定科技型小微企业成长的内生成长机制构成要素归纳为企业管理者的素质、技术创新、人力资源、企业的融资能力、产品转化力、企业的治理结构和企业文化七个因素。

（一）企业管理者的素质。

众多学者研究表明，企业管理者的素质高低决定着企业能否在激烈的市场竞争中站稳脚跟并进一步发展。为了了解企业管理者的素质状况，本章从资源整合能力、企业文化创造能力、战略规划能力和组织结构设计能力四个方面对 231 家广州市科技型小微企业进行问卷调查，具体见表 7－1。

表 7－1　　广州市科技型小微企业的企业管理者素质调查情况　　单位：人

素质状况	强	较强	一般	较不强	不强
资源整合能力	34	86	54	33	24
企业文化创造能力	23	68	67	54	19
战略规划能力	45	82	51	31	22
组织结构设计能力	21	73	62	48	27

资料来源：根据问卷调查的数据整理而得。

从表 7－1 中可以看出，在被调查的 231 家广州市科技型小微企业中，企业家认为自身资源整合能力强的有 34 人，占比为 14.72%，较强的有 86 人，占比为 37.23%；认为自身企业文化创造能力强的有 23 人，占比为 9.96%，较强的有 68 人，占比为 29.31%；认为自身战略规划能力强的有 45 人，占比为 19.48%，较强的有 82 人，占比为 35.50%；认为自身组织结构设计能力强的有 21 人，占比为 9.09%，较强的有 73 人，占比为 31.60%。可见被调查的广州市科技型小微企业的企业家认为自身能力强和较强的总体占比并不高。为了提升广州市科技型小微企业管理者的素质，近几年，广州市先后举办多场面向科技型中小微企业管理者的专场培训会，旨在提升广州市科技型中小微企业管理者的素质，可以看出，企业管理者素质对于广州市科技型小微企业成长的重要性。

（二）技术创新

技术创新水平决定着企业的核心竞争力和市场份额的占有率，技术创新对于科技型小微企业来讲尤为重要。技术创新能力是企业核心竞争力的关键，保持较高的核心技术能力在于拥有自主知识产权，只有拥有自主知识产权，才能推动公司的内生发展，为企业带来竞争优势，因此，科技型小微企业提升自身竞争力的主要路径是进行技术创新。从以上广州市科技型小微企业高新技术企业认定、研究开发费用总额占销售收入总额的比例和科研投入等情况也可以看出，广州市科技型小微企业普遍重视技术创新。

（三）人力资源

对于科技型小微企业来说，人才就是技术创新的实现载体，没有人才就没有技术的创新，没有技术创新就不存在科技型小微企业的成长。广州市科技型小微企业资金和实力有限，知识型员工的创新能力高低便成为决定企业成败的关键因素，因此提升广州市科技型小微企业的人力资源配置能力显得非常重要。为了分析广州市科技型小微企业的人力资源配置能力，本书调查了广州市科技型小微企业中具有本科以上学历的人员情况、广州市科技型小微企业在技能培训方面存在的困难情况和影响广州市科技型小微企业技术创新的主要因素，来判断广州市科技型小微企业的人力资源情况，具体见前面表5－24～表5－26，在分析中可以看出，科研人力不足和培训存在困难是制约广州市科技型小微企业发展的主要原因。人力资源配置制度的制定和执行是科技型小微企业人力配置能力的保障，广州市科技型小微企业人力资源配置制度的制定情况见表7－2。从表7－2中可以看出，在被调查的231家广州市科技型小微企业中，仅15.15%的企业制定了人力资源规划，绝大部分的企业并没有对人力资源的配置进行规划。绝大部分的企业制定了员工能力水平考核制度、员工选拔制度和员工录用制度，全部被调查企业制定了员工培训制度，广州市科技型小微企业普遍重视对员工进行考核、选拔、录用和培训。

综上所述，广州市科技型小微企业普遍重视人力资源配置的制度建设，但企业员工的学历普遍不高，员工的后续培训也存在困难，同时缺少对人力资源进行规划，人力资源配置能力总体不高。

表7-2　　广州市科技型小微企业人力资源配置制度制定调查情况　　单位：家

制度制定情况	已经制定	未制定
人力资源规划	35	196
员工能力水平考核制度	189	42
员工选拔制度	201	30
员工录用制度	214	17
员工培训制度	231	0

资料来源：根据问卷调查的数据整理而得。

（四）企业的融资能力

资金对于企业来说犹如人的血液，科技型小微企业由于需要进行技术的研发，更加需要大量资金的投入。广州市科技型小微企业大多数处于初创阶段，对资金的需求大，能否争取到外源性资金是决定企业能否生存的关键，因此广州市科技型小微企业的融资能力是企业生存和发展的动力。为了了解广州市科技型小微企业的融资能力，本书分别调查了广州市科技型小微企业现阶段资金短缺情况、所需资金主要用途、首选融资渠道、银行存款在融资中的比重、融资难的主要原因以及改善融资难的措施等，具体情况见前面表5-13~表5-18，从分析中可以看出，广州市科技型小微企业普遍存在资金不足的情况，当前广州市科技型小微企业的融资能力有待提升，企业普遍存在融资难的问题，究其原因在于涵盖科技型小微企业成长生命周期各个阶段的多层次、多阶段和多维度的金融支持体系尚未建立。

（五）产品转化力

面对激烈的市场竞争，对于科技型小微企业来说，能否及时把技术转化为消费者需要的产品，并把产品迅速转化为资金，是决定其市场份额占有量高低和能否生存下去的必要条件。科技型小微企业从外部环境获得资源，并经过内部的生产向外部提供产品，实现企业的持续发展，同时由于科技型小微企业生产的产品是高科技产品，技术含量高，这使得产品的转化与传统产品的转化有所区别，科技型小微企业的产品转化更需要懂专业的营销团队参与。政府鼓励高校、科研院所与科技型小微企业展开合作，促使科技成果向小微企业转移以及最终转化为产品，也可以看出，产品转化力对广州市科技型小微企业成长的重要性。

（六）企业的治理结构

企业的治理结构是基于效率原则在企业内部各要素之间进行的制度安排，企业治理在企业的发展过程中最关键的作用就是不断改善企业的制度效率。治理结构的完善和治理水平的提高，可以为企业塑造良好的形象和提升市场竞争力，从而有利于提升广州市科技型小微企业的市场估值以及获得融资。科技型小微企业在初创期和成长期，由于所有权和经营权通常掌握在创始人的手里，企业的治理作用没能体现出来，随着企业的成长，所有权和经营权分离后，企业治理的重要性逐渐体现出来。企业治理进程是科技型小微企业由成长期向成熟期过渡的一个必需进程，没有企业治理进程的合理化和治理结构的优化，科技型小微企业不可能实现良性成长。

（七）企业文化

企业文化是企业创新的重要推动力，这对于科技型小微企业来说尤为重要。科技型小微企业可以通过企业文化的塑造，形成创新的学习氛围，激发企业成员的创造性行为。企业文化是改善内部管理的有力武器，是把事业做大做强的有力保障。科技型小微企业由于产品更新换代快，市场竞争激烈，生存压力大，更需要建设好企业文化，以便激发员工的创新精神和形成企业的凝聚力。

从以上的分析中可以看出，在广州市科技型小微企业内生成长机制的七个要素中，技术创新是核心，企业的融资能力是保障，人力资源是推动力，企业管理者是指挥，企业治理结构是支撑，企业文化是灵魂，产品转化力是导向，七个要素交织形成一个统一体，最终实现广州市科技型小微企业的持续发展。

二、广州市科技型小微企业外生成长机制要素

科技型小微企业所处的外部环境是一个结合自然、社会和经济的复杂系统，具有多维度、多层次特性，包含众多的要素，不同要素之间也存在复杂的作用关系。张玉明教授在专著《中小型科技企业成长机制》中指出外部环境对中小型科技企业生存发展有重要影响，中小型科技企业能否与外部环境保持动态的适应和平衡将直接关系到企业的存亡。书中根据相关文献整理得到：在环境要素方面，伯格斯（Burgers）、达福特研究指出环境要素包括科技环境、政策环境、社会文化环境、政治法律环境、金融环境等；穆尔（Moore）、鲍姆（Baum）研究指出环境要素包括社会环境（社会制度和政策、文化和教育）、经济环境（资金市场、产业与产业结构、劳动力市场等）、信息环境、全球环境等；惠特利（Wheatley）、雷丁（Reading）研究指出环境要素包括制度环境、社会文化环境、市场环境、金融环境、政府和历史环境等；刘洪德等（2008）、李晓明（2006）研究指出环境要素包括社会环境、经济环境、政策法律环境、产业环境、政府支持等；赵锡武（2004）、席酉民（2001）研究指出环境要素包括社会环境（政治、经济、科技、法律、社会文化环境）、市场环境、内部环境系统、自然环境系统等；王缉慈（2002）、刘伟等（2003）研究指出环境要素包括制度环境、社会文化环境、经济环境、创新环境等。根据以上学者的研究，张玉明教授把中小型科技企业成长的外生成长机制构成要素归纳为政策法律环境、金融生态环境、区域创新网络、企业集群、产业演化和行业发展、社会服务及基础设施建设等。[①] 徐飞、宋波的专著《企业发展理论与成长机理》中指出企业的发展离不开国家层面和社会各功能领域的支持，我国企业对支撑力的适应性进程主要体现在寻求和利用商业环境中存在的战略支撑力、人才支撑力、政策支撑力、融资支撑力，并将这四种支撑力进行整合，以构筑出适应企业自身的支撑合力。借鉴学者的相关研究，结合广州市科技型小微企业的成长特性，遵循系统性、间接性、

① 张玉明．中小型科技企业成长机制［M］．北京：经济科学出版社，2011．

适用性和重要性原则，本章将广州市科技型小微企业外生成长机制要素归纳为政策法律环境、投融资环境、区域创新平台化、企业集群、企业成长阶段和社会服务体系及基础设施的建设六个因素。

（一）政策法律环境

科技型小微企业由于规模小、资金有限、面临的风险大，因此其成长过程更加需要政府营造良好的政策法律环境。对于科技型小微企业来说，政策法律体系包括财税政策、金融政策、政府配套服务政策、知识产权保护政策、法律体系建设等，政府出台扶持科技型小微企业的政策能有力地促进科技型小微企业的发展，因此政策法律环境对于需要大力扶持的广州市科技型小微企业来说，具有重要的意义，影响着科技型小微企业的生存和发展。

（二）投融资环境

培育良好的投融资环境，降低金融风险，有利于改善科技型小微企业的发展环境，推动科技型小微企业的良性成长。科技型小微企业的融资问题一直阻碍着企业的发展，政府给企业营造良好的投融资环境有利于企业的快速成长。如广州市推出了“科技创新券”，引导风投、创投等社会资本重点扶持处于初创期的科技型小微企业，同时鼓励民间资本向高新产业园区、科技型企业孵化基地集聚发展等，都可以看出投融资环境对广州市科技型小微企业成长的影响。

（三）区域创新平台化

区域创新平台涵盖科技型小微企业、大学、科研机构、资本市场、中介机构，在平台中发挥不同主体之间的相互促进作用，目的在于促进企业进行技术创新以及创新成果的转化。区域创新平台化对于科技型小微企业来说，能有效降低技术风险、资金风险，可以借助其他组织或机构的力量来开展技术创新。区域创新平台化可以让广州市科技型小微企业共享技术创新基础措施和公共服务资源，可以为广州市科技型小微企业营造良好的技术创新环境，同时有利于实现产学研合作，在平台中的科研机构可以借助科技型小微企业这个载体实现技术转化。

（四）企业集群

企业集群是关系的集合，在集群内企业之间的信任、信息交流、相互的学习、知识的扩散都会对科技型小微企业的成长带来帮助。企业集群把科技型小微企业和大中型企业的生产链条捆绑在一起，可以为广州市科技型小微企业提供资源对接，实现企业信息共享和企业之间的分工协作。

（五）企业成长阶段

企业成长阶段不同，其成长特性不同，以及关注的问题也不相同。广州市科技型小微企业大多处于初创期或成长期，这两个时期的企业更多面临的是技术创新能力弱、融资难以及市场空间不大的问题。可见了解企业成长阶段才能有针对性地对企业进行扶持，以促进广州市科技型小微企业的成长。

（六）社会服务体系及基础设施建设

社会服务体系及基础设施建设一般包括社会服务体系状况、中介机构发展状况、政府服务支持等内容，社会服务体系和基础设施建设得越好，越有利于科技型小微企业的成长。从广州市科技型小微企业的成长困境分析中可以看出，企业迫切需要政府完善社会服务体系以及基础设施建设，为广州市科技型小微企业的发展搭建起信息交流和资源共享平台，助力企业的快速成长，可见完善的社会服务体系及基础设施建设对广州市科技型小微企业成长的重要性。

以上的分析可以看出：政策法律环境解决的是因政策体系不够系统给广州市科技型小微企业造成的困境；投融资环境的营造解决的是广州市科技型小微企业融资结构不尽合理的问题；区域创新平台化和企业集群解决的是广州市科技型小微企业创新能力不足和创新人才缺乏的问题；关注企业成长阶段解决的是广州市科技型小微企业承担风险能力有限的问题；社会服务体系及基础设施建设解决的是广州市科技型小微企业社会服务体系不够健全的问题。六个要素共同作用，形成合力，促进广州市科技型小微企业的持续发展。

第二节 广州市科技型小微企业的成长机制要素作用

企业管理者作为特殊的人力资源，是广州市科技型小微企业创新和改革的关键，其素质和能力关乎企业的生存和发展，影响着企业产品转化力、技术创新、企业的治理结构、企业文化、人力资源和融资能力等；提升广州市科技型小微企业的技术创新能力是企业生存和发展的根本，技术是广州市科技型小微企业的生命线，技术创新水平将影响产品转化力，进而影响企业的竞争能力。人力资源影响广州市科技型小微企业的生存和发展，尤其是科技、管理人才在企业中的比重。人力资源对广州市科技型小微企业的影响主要是提供技术和智力支持，同时人力资源影响着企业的融资和企业文化。企业融资需要人员进行规划和开拓，企业文化需要管理者和全体员工共同营造。融资能力主要是为广州市科技型小微企业的研发、创新、市场开拓等提供资金支持，驱动着产品转化力；产品转化力的主要功能是消化企业所生产的产品或提供的服务，推动着广州市科技型小微企业的技术创新，是企业进行技术创新的导向；科技型小微企业治理结构的有效性是保障企业持续进行技术创新的关键；企业文化是企业生存发展的灵魂，好的企业文化能帮助企业聚集一批优秀的人才，齐心协力进行技术创新，企业文化尤其是创新文化建设能有效地推动广州市科技型小微企业的生存和成长。

健全政策法律环境、加强对广州市科技型小微企业的扶持力度，是促进其健康发展的重要途径，健全政策法律环境解决的是广州市科技型小微企业政策体系不够系统的问题。广州市科技型小微企业必须根据企业成长阶段的变化主动做出调整，以适应企业的成长规律，从而改善企业的生存状态和提升企业的成长潜力，明确企业成长阶段解决的是广州市科技型小微企业承担风险能力有限的问题。企业集群的主要功能是为广州市科技型小微企业的成长提供必需的资源，并通过网络结构和区域集聚，促进企业间的信息共享和创新互动等，有助于推动广州市科技型小微企业的成长。

企业集群解决的是广州市科技型小微企业科技创新投入不足、创新人才缺乏等问题；区域创新平台化主要功能是通过企业、高等院校、科研院所、金融机构、政府部门等相关组织交换信息、资源，为企业创新提供技术、研发和人力的支持，它是广州市科技型小微企业从外部获取知识、提升企业竞争力的重要渠道。区域创新平台化解决的是广州市科技型小微企业创新人才缺乏、产学研合作效果不佳等问题。投融资环境优化的主要作用体现在为广州市科技型小微企业提供便利的融资服务。政府通过优化投融资环境，拓宽融资渠道、增强融资便利性，有助于广州市科技型小微企业获得充足的发展资金，优化投融资环境解决的是广州市科技型小微企业融资结构不尽合理的问题。良好的社会服务体系和完善的基础设施建设有利于为广州市科技型小微企业的发展营造良好的外部环境，促进广州市科技型小微企业的良性发展。完善社会服务体系和基础设施建设解决的是广州市科技型小微企业社会服务体系不够健全的问题。广州市科技型小微企业成长机制要素的作用模型如图 7 -1 所示。

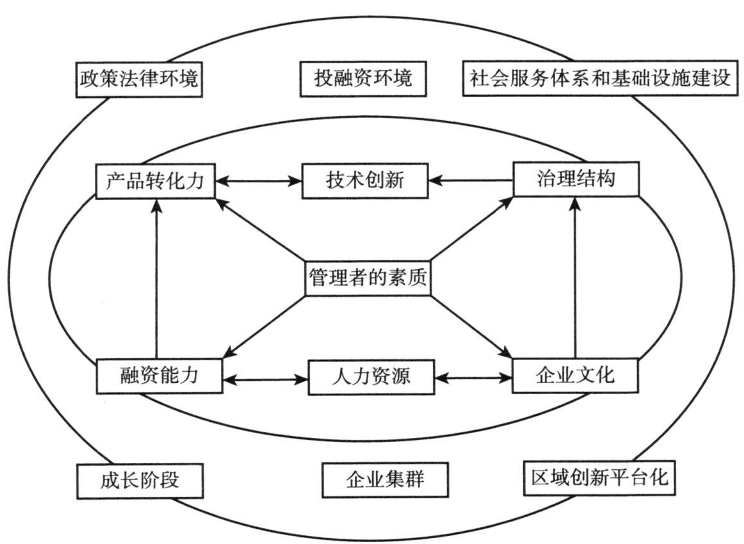

图 7 -1　广州市科技型小微企业成长机制要素的作用模型

第三节　广州市科技型小微企业的成长机制

企业是市场经济的细胞，科技型小微企业是经济中的毛细血管，个体虽小，但构成的整体是一个复杂的组织体系，广州市科技型小微企业的外部成长环境和内部成长条件并不是彼此孤立的，广州市科技型小微企业的成长依赖其良好的外部成长环境，如政策法律环境、投融资环境、区域创新平台化、企业集群、企业成长阶段和社会服务体系及基础设施建设等，更依赖于其自身内部成长条件的完善，如企业家的素质、技术创新、人力资源、融资能力、产品转化力、治理结构和企业文化等。广州市科技型小微企业是一个复杂的组织体系，是不断因外部变化而整合内部资源的组织。外部成长环境推动力和内部成长动力相互促发，共同构建广州市科技型小微企业的成长机制，具体作用机理表现为以下三个方面。

一、外部成长环境系统回路

优化广州市科技型小微企业外部成长环境有助于解决企业的成长困境，并且外部成长环境的六要素间形成系统回路，为广州市科技型小微企业的成长提供动力。广州市科技型小微企业外部成长环境的六个要素中，政策法律环境的营造解决的是因政策体系不够系统给广州市科技型小微企业技术创新和融资等造成的困境；投融资环境的营造解决的是广州市科技型小微企业承担风险能力有限的问题；关注企业成长阶段、区域创新平台化解决的是广州市科技型小微企业创新人才缺乏和企业家能力不足的问题；区域创新平台化、企业集群、社会服务体系及基础设施建设解决的是广州市科技型小微企业技术创新能力不足的问题。无论企业处于生命周期的哪个阶段，科技型小微企业总处于一定的政策体系中以及享受因国家战略布局而提供的创新能力建设成果，企业应充分利用政策、平台的便利，规避风险，实现增长。六个要素形成合力，不断优化广州市科技型小微企业的外部成长条件。

二、内部成长条件系统回路

广州市科技型小微企业内部成长的七个要素间形成系统回路，彼此间形成作用力共同推动科技型小微企业的成长。广州市科技型小微企业内部成长条件的七个要素中，技术创新能力是核心，技术创新水平决定着企业的核心竞争力和市场份额的占有率；企业的融资能力是保障，企业的融资能力决定着企业生存和发展；人力资源配置能力是推动力，只有人力资源配置得当，才能有力推动企业的良性发展；企业家是指挥，企业家的能力高低决定着企业能否在激烈的市场竞争中获得融资、进行技术创新以及合理进行人力资源配置等；产品转化力是企业获得融资的保障，也是企业家能力的综合反映；公司治理综合反映企业家的能力，好的治理结构有利于企业的稳定发展，使得企业更容易获得融资以提升技术研发能力；企业文化是灵魂，企业管理者通过企业文化营造学习的氛围以及弘扬创新精神。七个要素交织形成统一体，不断夯实广州市科技型小微企业的内部成长基础。

三、各个子系统间交互作用系统回路

影响广州市科技型小微企业成长的各个要素间是一种动态的交互关系，良好的外部环境和健全的内部成长条件都有利于成长系统和各个子系统之间的协调，从而促进企业的成长。政策法律环境、投融资环境的完善有利于促进企业集群、区域创新平台化、社会服务体系及基础设施建设的改善，由此提升广州市科技型小微企业的企业家能力、融资能力、技术创新能力和人力资源配置能力。企业集群、区域创新平台化、社会服务体系及基础设施建设的优化又能促使政府相关部门适时修订制度，进一步优化政策环境以留住人才。一旦区域创新平台化、社会服务体系及基础设施建设得到改善，就能更好地吸引尖端人才入驻广州进行技术创新，因此创新平台化、社会服务体系及基础设施建设的优化，有利于人才环境和技术创新环境的改善。一旦人才环境和技术创新环境得到优化，有利于推动经济结构的战略性调整，加快转变经济发展模式，进而优化创新平台、完善社会服务体系及基础设施建设。

在企业家的引领作用下能有效地提升广州市科技型小微企业的技术创新能力、融资能力和人力资源配置能力。技术创新能力提升又有利于企业在融资过程中获得更多谈判的资本，提升企业的融资能力。一旦企业获得足够的资金便能引进高水平的创新人才，提升企业的人力资源配置能力和技术创新能力。企业家能力、技术创新能力、融资能力和人力资源配置能力一旦得到提升，有利于提高企业的竞争力，优化产业及行业的竞争格局，进而改善整个经济环境。经济环境一旦得到优化，有利于聚集人才进行技术创新，人才环境、技术创新环境和政策环境也会相应得到改善。因此各个子系统间是交互作用的系统回路，彼此间相互促进，均衡协调发展，多因素共同作用促进广州市科技型小微企业的健康成长。

第八章
完善科技型小微企业成长机制的对策

本书通过分析广州市科技型小微企业的成长特性，识别科技型小微企业的成长机制要素，并分析各要素与企业成长性之间的内在作用机制，发现广州市科技型小微企业的成长机制是内生要素和外生要素共同作用形成的。因此，本章将从内生要素和外生要素两个方面提出完善广州市科技型小微企业成长机制的对策建议。

第一节　内生要素相互促进：优化成长机制

在科技型小微企业生存发展过程中，系统内部要素耦合所产生的拉动作用被称为内生成长机制，这是企业系统演化的内在动因。想要解决广州市科技型小微企业的成长困境，促进其实现可持续成长，先要改善企业内部成长条件，具体的对策建议如下。

一、完善企业管理机制

针对广州市科技型小微企业治理结构不合理、经营风险大的问题，科技型小微企业需要完善自身的制度。在研究开发新的项目之前，企业要对即将投入的项目进行全面的评估，这就要求企业完善项目的管理制度，对投资新项目制定全面的预算。针对广州市科技型小微企业缺乏高科技人才问题，企业要加强日常管理和文化建设，另外，企业在制定人力资源管理制度和薪酬管理制度时要考虑高科技人才的特点。针对招聘难的问题，科技型小微企业除了提高薪资外，还应向企业员工宣传企业的核心价值，加强企业文化管理，让员工看到企业成长的潜力，充分感受到企业是施展抱负的平台。针对人才流失严重的问题，应优化分配制度，可以考虑根据企业员工对企业的贡献分配一定的股权；还应完善员工意见收集制度，及时收集员工的意见，及时发现企业存在的问题并改进。以上这些都有利于完善企业的管理机制。

二、优化企业工作环境

广州市科技型小微企业员工多数是在某个领域的专业人员，主要是进行技术研发应用，因此更倾向于有一个自主的工作环境，工作上自主性要求更高，准时上下班的硬性规定在这些企业中并不适合，而应该采取以项目为导向的弹性办公时间，因此对于这类企业可以提供人性化的办公环境，吸引高科技人才。

三、帮助员工实现自我价值

科技型小微企业的技术人员有着高自主性和高创造性的特点，往往从事的是易变、具有不确定性的工作，需要团队的协作以及具有创新的精神。随着信息技术的发展，高科技人才成为国家间和企业间竞相争夺的对象，因此其流动性较强。科技型小微企业想要留住这部分人才，除了提供优厚的待遇之外，更重要的是有足够的资源支持科技型小微企业的技术人员进行研究，即保障其研究经费充足，提供技术上的支持以及资料、数据的搜寻等，更要注重员工自我价值的实现，重视员工的职业规划等，例如在企业定期举办交流会，了解员工能力与岗位的匹配情况、企业能为员工提供的平台等，帮助员工实现自我价值。

四、提升企业管理者的素质

广州市科技型小微企业的问卷调查结果显示，广州市科技型小微企业的管理者总体知识水平不高。科技型小微企业具有技术密集和知识密集的特征，对创新有较高的要求，这就要求企业管理者是相关科技领域和管理领域的专家，能够真正把握科技发展动态。因此，科技型小微企业的管理者要具备不断学习的能力，才能进行科学地决策，带领科技型小微企业做大做强。这一方面有赖于科技型小微企业自身重视管理者的能力培养和能力提升，另一方面还有赖于政府对科技型小微企业的扶持，政府相关部门可以定期举办科技型小微企业管理者的专题培训班，以提升科技型小微企业管理者的能力水平。

五、加大技术创新投入

技术创新是一项高投入的复杂活动，需要投入大量的资源，尤其是需要投入大量的资金。广州市科技型小微企业的问卷调查结果显示，研发投入占企业主营业务收入比重的平均水平在0.8%以下；多数被调查企业的员工年培训费用增长率维持在一个较低的水平；多数被调查企业的研发经费年增长速度缓慢，有的甚至处于减少的情况。这说明广州市科技型小微企业的技术创新投入明显不足，已成为阻碍其提升竞争能力的一个重要原因。随着科学技术的发展，产品寿命周期越来越短，产品被替代的可能性越来越大，这就要求广州市科技型小微企业重视技术创新，加大对技术创新的投入力度，加快产品更新换代，只有这样才能赢得有利的竞争地位。首先，广州市科技型小微企业要从根本上转变观念，把技术创新投入视为事关企业生存和发展的关键，把拥有核心技术视为企业保持持续竞争优势的重要手段。其次，把研发经费的投入和按比例的适度增长同员工的培训与激励、技术创新体系的建立和完善以及技术创新的实际需要有机结合起来。最后，要强化研发资金的投入管理力度，让有限的资金最大限度地发挥其效用。

六、积极引进和合理配备人才

高素质人才的配备除了科技型小微企业自身的培养外，还需要从外部引进，并通过营造良好的氛围留住人才，从而为实现企业的可持续发展提供保障。只有注重人才引进和科学合理配置人才，最大限度发挥人才潜力以及发扬团队合作精神，才能不断提升广州市科技型小微企业的技术创新能力和竞争力，进而有效推动和促进广州市科技型小微企业健康、有序和快速发展。

第二节　外生要素形成合力：完善成长机制

在科技型小微企业生存和发展过程中，外部环境所带来的挑战和竞争压力促使企业系统改变组分特性和结构关系，达成与环境相适应的推动作用被称为外生成长机制，这种系统与环境之间的互动作用是企业系统演化的外部动因，优化广州市科技型小微企业外部环境的具体建议如下。

一、建立公共服务平台

（一）建立市场、企业、政府三方面的资讯平台

在对广州市科技型小微企业的调查中发现，企业与政府、社会三方的信息不对称，缺乏一个沟通、分享、应用的信息平台，因此建立市场、企业、政府三方的资讯平台成为关键。资讯平台是为广州市科技型小微企业与政府、市场的信息共享而建立的，以政府为主导，面向市场，服务广州市科技型小微企业，主要应用于政府、企业及市场三方面的信息沟通交流，确保资讯准确、及时、透明。具体做法可以分为以下几点：第一，由政府联合高校组织相关科研人员定期对广州市科技型小微企业进行实地探访，建立企业与高校的定点研究合作关系，开展相关行业、产业发展研究，形成定期发布权威性

合作报告的模式。第二，科技企业孵化器和政府部门建立长期的信息调研合作，定期发布针对科技型小微企业的调研数据。

（二）建立科技型小微企业数据库

广州市科技型小微企业数据库的建立应以广州市科技型小微企业基本数据和科研机构的研发情况为主要内容。广州市科技型小微企业的基本数据收集以企业自主报送方式为主。企业报送的数据包括企业的两类信息：一类是企业的基本情况，另一类是企业的成长性数据。通过数据库的建立，为政府和金融机构对广州市科技型小微企业进行评估提供数据来源。科研机构信息包括研究领域及研究成果、科研领域排名、主要科研带头人情况、与企业科研合作情况等信息，确保广州市科技型小微企业能迅速准确找到相对应的技术服务方。

针对目前科技型小微企业交流咨询平台匮乏的问题，政府相关部门应当扮演好管理者和服务者的角色，为广州市科技型小微企业创建相关的信息服务和咨询辅导平台，引导各方进行信息共享，并在平台上及时公布最新的政策法规以及行业发展动态；也可以作为引导者，引导科技型小微企业联合各方建立科技型小微企业协会，通过协会收集数据和发布调研数据等。

二、促进产学研合作，培育企业创新能力

（一）优化产学研合作模式

广州市科技型小微企业普遍存在产学研合作效果不佳的问题，结合广州市科技型小微企业的发展特点，政府可以从以下几个方面着手，优化产学研的合作模式，提高广州市科技型小微企业的创新能力。一是建立利益共享与风险共担的产学研合作机制。鼓励产学研之间的长期合作，在利益分配中采取提成、技术持股、技术入股等方式，将高校和科研院所应得的利益与广州市科技型小微企业的经营状况紧密相连，保障各方主体在科技成果转化、应用过程中的利益。二是引导广州市科技型小微企业成为技术创新的主体，自

主选择适合的技术项目与有实力的高校、科研院所进行合作。

（二）推进科技成果转化

针对广州市科技型小微企业存在的技术成果转化难问题，政府可以从以下几个方面入手：一是建立科技成果转化基地，共享科技资源。政府可以通过科技项目申报的形式，设立若干专门的科技成果转化基地，形成以科技成果转化为核心的组织体系，推动科技成果产业化。二是加强广州市科技型小微企业孵化器的建设，拓宽孵化器的服务内容。加强广州市科技型小微企业孵化器与大学、科研院所等创新源的合作，共同促进科技成果顺利转化。三是建设一批新型的开放性应用技术研究机构。围绕战略新兴产业的发展需求，结合广州市经济和科技发展的特点，实现科技项目资源和企业集群的有效衔接，发挥产学研合作平台的有效力量，实现科技成果的有效转化。四是以市场为导向，鼓励各类民营资本依法设立民营性质的开放性应用技术研究机构，积极营造公平有序的市场环境，扶持民营研究机构成长壮大，营造多层次、有效率的技术创新环境。

（三）发挥集群效应，实现企业间互利互助

发挥集群效应，集合起相同产业的各个相关企业群体，一方面激发同行业间企业进行竞争，另一方面促进同行业间企业实行协作，从而挖掘同一行业潜在发展空间，提升同一产业的竞争力。鼓励科技型小微企业在大企业的周围聚集形成产业集群，营造良好的创新氛围，通过科技型小微企业和大企业的合作，降低大小企业双方的成本，提高各个企业的运作效率，使得区域竞争力得到提升，形成一种互为依托、互惠互利的合作伙伴关系。

三、人才政策

（一）提高人才吸引力

想要促进广州市科技型小微企业的技术或产品创新，人才是一个重要的

因素。近年来广州市科技型小微企业缺乏高科技人才以及高科技人才流失严重问题，与广州市居高不下的房价、房租以及物价水平有着直接的联系。政府一方面应加大宏观调控力度，稳定房价和物价，另一方面应加大高新技术产业园区、科技企业孵化基地的建设，解决科技型小微企业办公场地租金贵的问题。针对广州市科技型小微企业人才流失严重的问题，政府还应鼓励各类科技人才、管理人才、营销人才到科技型小微企业就业；鼓励广州市科技型小微企业广泛采用以技术入股和特殊人力资本入股为主要内容的员工持股计划，形成高科技人才与企业长久稳定的合作关系。可由地方政府牵头，为高科技人才提供各种生活上的便利，如集中建设“人才公寓”，解决广州市科技型小微企业高科技人才子女的教育问题，以吸引高科技人才到科技型小微企业就业；鼓励科研院所、高等学校的高素质人才到科技型小微企业兼职或者全职工作；扩大院士专家工作站、博士后工作站、科技特派员等高科技人员服务企业的范围，使之惠及科技型小微企业。另外，对于人才引进的补贴待遇要惠及科技型小微企业，为科技型小微企业人才的稳定提供保障。

（二）支持企业开展相关培训

科技型小微企业的员工为了提升自身的能力与价值，需要不断地学习以提高自身的创新能力，这需要企业为员工提供必要的学习支持，然而根据对成长困境的调查可以看出当前广州市科技型小微企业开展培训服务存在困难，因此政府应加大力度支持广州市科技型小微企业开展培训，既包括经营管理类培训，也包括专业技术类培训，同时还应当兼顾不同行业的特征。培训主要由政府出资进行补贴，以高校为依托，定期举办针对广州市科技型小微企业的各类培训班。

四、加大财政支持力度

为了解决广州市科技型小微企业在发展初期面临的资金短缺困难，为企业营造良好的发展环境，政府应加大财政支持力度，集中力量，统筹安排，对广州市科技型小微企业进行引导和帮助。

（一）完善相关财政补贴政策

广州市科技型小微企业在发展初期普遍存在融资难的问题，因此政府应引导投资者积极投资广州市科技型小微企业，并制定专项财政补贴政策。补贴重点为广州市科技型小微企业的技术创新、结构调整、节能减排、新产品和新技术产业化的项目。优先支持广州市科技型小微企业申请现有的、符合条件的财政专项补贴。

（二）采取适度财政奖励

资金短缺问题始终制约科技型小微企业的成长。针对广州市科技型小微企业资金压力和经营风险大的问题，政府应设置专项资金支持科技型小微企业的发展。第一，政府应鼓励科技型小微企业提高研发经费支出比例，对企业研发活动给予补贴和对核心技术研发人员给予奖励，提高企业的研发积极性。第二，政府应成立专项基金，设置更多适合科技型小微企业申报的项目。在广州市政府网站可以查到，广州市设置了众多针对科技型中小企业的申报项目，一旦项目申报成功，即可获得资金支持，例如科技型中小企业技术创新专题补助项目、科技企业孵化器专项资金、广州市产学研协同创新重大专项项目等。虽然立项的项目很多，但是政府的支持资金有限，扶持力度不大，而且项目的申报针对科技型中小企业，虽说已经涵盖了科技型小微企业，但是毕竟没有专门针对科技型小微企业的项目申报，因此政府部门一方面在于加大资金支持力度，另一方面在于推出专门针对科技型小微企业的项目申报，专项扶持科技型小微企业的成长。第三，政府应定期对在技术上有重大突破、产生良好社会效益的广州市科技型小微企业进行评定和奖励。奖励结果计入企业征信档案，并向全社会进行公示，以提升广州市科技型小微企业的信用等级，以便企业获得更多财政基金、银行贷款或社会风险投资的支持。

（三）重视基础研究投入

查阅近几年统计年鉴，不难发现广州市对基础研究不够重视，在经费投入方面更注重应用性研究，这源于投入基础研究在短期内难以获得明显的成果和回报，其自身的价值在短时间内很难得到体现。政府应正视在长期科技研发过程中，企业的发展和产品技术的提升离不开前期基础研究的投入，应合理分配科技研发经费，逐年增加基础研究的资金投入比重。

五、深化税收优惠政策

科技型小微企业由于其规模小、经营风险大，融资难度大，需要政府积极介入助力企业的发展，其中税收优惠政策无疑是一种好的方式。税收优惠有利于降低科技型小微企业的研发成本、减少企业投资风险、提高企业的利润等，因此政府应不断深化针对科技型小微企业的税收优惠政策，通过税收优惠帮助科技型小微企业减负增效。为了解决广州市科技型小微企业发展初期税收成本负担过重的问题，政府应增加税收优惠的税种、拓展税收优惠范围和加大税收优惠力度等。同时，利用税收的杠杆作用为广州市科技型小微企业营造良好的发展环境，促进广州市科技型小微企业的持续和良性发展。

六、拓宽融资渠道

针对广州市科技型小微企业发展中融资风险大、担保抵押物不足、难以向市场融资等问题，政府应采取灵活多样的融资政策，拓宽广州市科技型小微企业的融资渠道，使社会资金更好地投放到广州市科技型小微企业中，助力广州市科技型小微企业的发展。

（一）加大政策支持力度

为了解决广州市科技型小微企业融资困难的问题，帮助科技型小微企业拓宽融资渠道，政府应加大对科技型小微企业融资的政策支持力度。当前，广州市科技型小微企业主要筹集资金方式仍然以自筹为主，银行贷款比较少。主要是因为科技型小微企业能够用来抵押的资产甚少，担保能力比较弱。因此政府应建立和健全支持科技型小微企业直接融资的政策体系。应基于当前《中华人民共和国公司法》和《中华人民共和国中小企业促进法》，制定专门针对科技型小微企业直接融资的新市场法规和实施细则，并且联合银行等其他金融机构进行金融创新，鼓励银行有针对性地开发适合科技型小微企业的信贷产品，并且适当降低科技型小微企业的贷款门槛等；另外，即将制定的《风险投资法》也应考虑科技型小微企业的独特性，为科技型小微企业进行风险投资提供法律保障。

（二）完善信用担保体系

广州市科技型小微企业由于经营风险较高、缺少抵押物，难以从银行等金融机构获得贷款，因而政府可以通过完善信用担保体系，建立广州市科技型小微企业贷款担保损失补偿机制来解决这一问题。同时构建由政府牵头，面向市场，以担保公司为主体的广州市科技型小微企业信用担保体系，从而解决广州市科技型小微企业难以从银行等金融机构获得贷款的问题。

（三）鼓励开展个性化的融资服务

为了解决广州市科技型小微企业在融资过程中信用风险和担保风险都比较大的问题，政府应鼓励广州市科技型小微企业采取多样化和灵活性的担保方式获取资金，同时支持广州市科技型小微企业通过创新的融资方式进行融资，例如融资租赁、科技小额贷款、公司（企业）债券、科技保险等，从而引导广州市科技型小微企业通过多种融资渠道获得资金。

（四）正确引导风险投资

饶静、李莹、黄熹（2017）通过选取珠三角中小板和创业板的科技型上市公司为研究样本，对风险投资和技术创新之间的关系进行了理论阐述和实证分析。结果表明，风险投资的参与对企业技术创新有促进作用；风险投资的参与数量越多，风险投资进驻企业时间越长，企业技术创新绩效越高。因此，科技型企业应充分利用风险投资对技术创新的促进作用，进一步推动企业技术创新，推动我国风险投资机构的发展。借鉴以上学者的研究成果，针对科技型小微企业融资难的问题，本章提出政府应引导风险投资参与企业技术创新，切实解决广州市科技型小微企业的资金问题。政府可以通过建立相关风险投资引导基金，联合社会风险投资机构，参与对广州市科技型小微企业的投资；建立相关风险投资服务中介机构，定期为广州市科技型小微企业与风险投资机构提供相互交流与业务拓展的服务，减少风险投资与广州市科技型小微企业间的信息不对称情况。

（五）支持民间资本参与融资服务

结合广州市科技型小微企业现阶段的实际情况，政府应大力促进民间资本投入创业周期较长、资金需求较大的广州市科技型小微企业的研发以及创新项目中，更好地解决广州市科技型小微企业的资金来源问题。允许民间资本按有关规定参与广州市科技型小微企业的生产活动，承担部分科研任务，鼓励民间资本参与广州市科技型小微企业的高新技术研发和技术成果产业化。

附　录

广州市科技创新券实施办法（试行）

第一章　总则

第一条　为落实《广州市人民政府关于加快科技创新若干政策的意见》《广东省科学技术厅 广东省财政厅关于科技创新券后补助试行方案》，规范科技创新券管理，充分发挥财政资金的激励作用，营造广州市科技型中小微企业创新的良好环境，特制订本办法。

第二条　本办法所称科技创新券是指政府财政科技资金采用后补助方式，向本市行政区域内科技型中小微企业及创客发放的，用于其购买研究开发、产品设计、知识产权、科技咨询、技术检测、认证、高性能计算等科技创新服务的财政补贴凭证。

第三条　科技创新券支持对象为：

（一）科技型中小微企业：在我市行政区域内设立、登记、注册并具有独立法人资格，无不良记录，且有自主研发经费投入和研发活动的科技型中小微企业，其中工业类企业上年度营业收入不超过 4 亿元，其他类型企业上年度营业收入不超过 1 亿元。同时应满足以下任一条件：

1. 经认定的国家高新技术企业（含培育入库）。

2. 经认定的国家、省或市创新型企业（含国家、省创新型试点企业）。

3. 市科技创新小巨人企业。

4. 国家、省或市技术先进型服务企业。

5. 近 5 年内获国家、省或市科技型中小企业技术创新基金（资金）扶持的企业。

6. 科技行政主管部门主办的国家、省或市级创新创业大赛获奖企业。

7. 获得"GB/229490－2013《企业知识产权管理规范》认证的企业。

8. 近5年内，有1项（含）以上且目前有效的发明专利授权、或6项（含）以上且目前有效实用新型专利授权、或6项（含）以上软件著作权的企业。

9. 广州市科技创新企业数据库入库企业等。

（二）创客：在众创空间内开展创新创业活动，将各种创意转变为现实的群体，具体包括创客个人、创客团队以及创客初创企业。

第四条　科技创新券的使用和管理应遵守国家有关法律、行政法规和财务规章制度，坚持鼓励创新、科学管理、公开透明、专款专用原则。

第二章　管理机构及职责

第五条　市科技创新委、市财政局负责我市科技创新券的政策制定、组织领导、核实监督，研究确定实施过程中的有关重大事项。

市科技创新委负责科技创新券制度的设计、日常管理，编制年度经费预算，研究确定年度工作计划，核实创新券兑现申请。

市财政局负责核实科技创新券经费安排计划、办理资金拨付与结算，对科技创新券资金使用情况进行监督、检查。

第六条　各区科技行政部门会区财政主管部门，负责本区科技创新券的发放、核实等日常管理及实施工作。

第三章　形式与支持范围

第七条　科技创新券采用电子券形式，自发放之日起两年内有效，逾期不可使用。创新券仅限于申领企业、创客使用，不得转让、买卖、赠送，不重复使用。

第八条　由市科技创新委会市财政局依据上年度科技创新券的发放与兑现情况确定本年度科技创新券发放额度。

市科技创新委根据市科技创新券年度发放额度对各区科技行政部门申报的年度科技创新券发放额度进行统筹，确定各区科技创新券的发放额度。

第九条 科技创新券适用于申领企业、创客向科技创新服务机构购买创新服务。存在下列情况之一的，不属于科技创新券支持范围：

（一）申报专利、软件著作权等知识产权过程所需服务。

（二）外观造型设计、概念设计、商标设计、广告设计等工业设计类服务。

（三）金融类服务。

（四）法定认定、执法检查、商业验货、医疗服务、强制检测、大批量验货、商业性技术检测等非科技创新活动。

（五）已获得市、区科技计划项目支持且以试验外协费等科目列支的科技创新服务。

第十条 科技创新服务机构是指高校、科研院所、科技服务企业、科技中介机构、工程技术研发中心、实验室等法人或者法人内设机构。

市科技创新委采取全年受理、定期核实的方式组织编制科技创新服务机构和创新服务目录，并在市科技行政部门官方网站上公布。

第四章 申请与发放

第十一条 科技创新券采取网上申请、集中受理、定期发放方式。申领企业、创客登陆市科技行政部门官方网站科技创新券管理系统（以下简称系统）填写《广州市科技创新券申请表》，将相关申请材料加盖公章扫描后上传至系统。并提交纸质申请材料 1 份至各区科技行政部门。

第十二条 科技创新券申请材料为：

（一）科技型中小微企业

1. 《广州市科技创新券申请表》（科技型中小微企业）。

2. 企业营业执照副本。

3. 组织机构代码证副本。

4. 上年度的财务审计报告（包括资产负债表、损益表）。

5. 下述材料之一：高新技术企业证书（或培育入库公示名单）、创新型企业证书、科技小巨人企业证书、技术先进型服务企业证书、获科技行政主管部门主办的国家、省或市级创新创业大赛的奖励证书、近 5 年内获国家、省或市科技型中小企业技术创新基金项目合同（任务）书、GB/229490－2013《企业知识产权管理规范》认证证书及知识产权证书、广州市科技创新企业数据库入库证明文件等。

6. 其他证明文件。

（二）创客

1.《广州市科技创新券申请表》（创客）。

2. 创客团队负责人、创客个人身份证、创客初创企业营业执照及组织机构代码证副本。

3. 创客所在众创空间营业执照副本。

除上述资料外，申请创新券10万元以上的中小微企业、创客需提供科技服务协议（合同）及计划使用科技创新券的科研活动简介等证明材料。

第十三条　区科技行政部门采取集中受理、统一核实发放方式，对本区的科技创新券申请材料进行符合性审查。

第十四条　区科技行政部门根据申请情况，按等比例的方式拟定发放名单，并在区科技行政部门网站公示，公示时间为5个工作日。

任何单位或个人对发放单位或个人有异议的，可于公示期及公示结束之日起5个工作日内向区科技行政部门提出书面复核申请，复核申请应明确复核的内容及理由。

区科技行政部门收到复核申请后，应在5个工作日内进行审查，决定是否受理，并书面告知申请单位或个人。区科技行政部门成立复核工作小组，对复核申请提出复核意见，并由区科技行政部门作出复核决定。复核决定应当在复核申请受理之日起15个工作日内作出，并书面告知申请单位或申请人。

第十五条　公示结束后10个工作日，区科技行政部门向申领企业或创客在线发放电子科技创新券。

第五章　使用与兑现

第十六条　持有科技创新券的企业或创客应在市科技创新委发布的科技创新服务机构和创新服务目录内购买服务，服务协议（合同）的双方应无任何投资与被投资，隶属、共建、产权纽带等影响公平公正市场交易的关联关系。

科技服务协议（合同）履行完毕，持券企业、创客应通过创新券管理系统进行创新券使用登记，填报科技创新券抵用信息并上传科技服务协议（合同）。若兑现单位为科技创新服务机构的，由科技创新服务机构通过系统进行登记。

科技创新券抵用信息包括科技服务机构名称、服务项目、服务总金额、抵用科技创新券金额、兑现单位等。

第十七条 市科技创新券兑现采取网上申请、全年受理、集中核实的方式。每年的7－8月核实上年7月1日至当年6月30日期间支付使用的科技创新券并根据核实数据实编入下一年度部门预算。

科技创新券兑现的金额应不高于单项服务合同金额的30%。

第十八条 持有已登记使用科技创新券的企业、创客或科技创新服务机构应通过创新券管理系统填报兑现申请，并提交已加盖公章的纸质兑现申请材料1份至市科技创新委委托的服务机构。科技创新券不重复兑现。

第十九条 兑现申请材料如下：

（一）《广州市科技创新券兑现申请表》。

（二）服务合同。

（三）与服务合同对应的发票。

（四）已进行使用登记的科技创新券。

（五）其他证明材料。除以上材料外，还可提供科技创新成果证明文件，包括交付的成果或解决的主要技术问题、项目实施情况总结及其他创新成果证明，如专利、著作权、新产品、新工艺、样机等有利于证明自身工作效率及服务能力等。

第二十条 市科技创新委委托服务机构对兑现申请进行核实，提出拟兑现名单。

第二十一条 拟兑现名单在市科技行政部门官方网站公示5个工作日，公示内容包括项目名称、企业名称、创客团队名称、创客个人名称、创客初创企业名称、科技创新服务机构名称、金额等。

任何单位或个人对兑现名单有异议的，可于公示期及公示结束之日起5个工作日内向市科技创新委提出书面复核申请，复核申请应明确复核的内容及理由。

市科技创新委收到复核申请后，应在5个工作日内进行审查，决定是否受理，并书面告知申请单位或个人。市科技创新委成立复核工作小组，对复核申请提出复核意见，并由市科技创新委作出复核决定。复核决定应当在复核申请受理之日起15个工作日内作出，并书面告知申请单位或申请人。

第二十二条　公示无异议的兑现项目，由市科技创新委和市财政局联合发文下达兑现经费至申请人，并在市科技行政部门官方网站公示。

第二十三条　每年市科技创新委会同市财政局按照《广东省科技创新券后补助试行方案》规定申报省科技创新券后补助资金。市科技创新委统计当年度市财政兑现经费总额以及按规定减除省科技创新券后补助资金情况报市财政局，市财政局根据各区兑现情况按现行财政管理体制的分担比例与区财政局进行结算，由区财政专项上缴区财政应分担部分。

第六章　监督

第二十四条　科技型中小微企业、创客及科技创新服务机构应按照有关规定申领、使用、兑现科技创新券，严格执行财务规章制度和会计核算办法，真实合法地使用创新券，并自觉接受科技、财政、审计、监察部门的监督检查。

（一）对使用额少于创新券申领总额60%的企业及创客，降低其科技信用等级，并暂停其创新券申请资格一年。

（二）对骗取创新券的申领企业、创客及科技创新服务机构，注销其科技创新券，追回骗取资金，降低科技信用等级，三年内不再给予科技创新券和政府各类资金支持。

第二十五条　对弄虚作假、截留、挪用、挤占补助资金等行为，按《财政违法行为处罚处分条例》（国务院令第427号）的相关规定进行处理，并依法追究有关单位及其相关人员责任。

第七章 附则

第二十六条 本办法自发布之日起施行，有效期 3 年，有关政策法律依据发生变化或有效期满，根据实施情况依法评估修订。

广州市高新技术企业树标提质行动方案（2018—2020年）

为深入贯彻落实创新驱动发展战略，扎实推进供给侧结构性改革，坚持科技创新企业发展“质量第一、效益优先”，增强科技创新企业核心竞争力，推动全市高新技术企业培育和发展，支撑国际科技产业创新中心建设，根据《广东省高新技术企业树标提质行动计划（2017－2020年）》（粤科高字〔2017〕129号）要求，结合我市实际，特制定本行动方案。

一、发展现状

近年来，我市不断优化企业创新发展环境，突出企业创新主体地位，着力引导企业逐步加大研发投入，紧紧扭住高新技术企业这一“牛鼻子”，加大力度培育高新技术企业，发展新技术、新产业、新业态、新模式，重点在以IAB（新一代信息技术、人工智能和生物医药）和NEM（新能源、新材料）等为代表的未来产业技术领域进行提前布局。2015年11月，我市发布《关于印发广州市科技创新小巨人企业及高新技术企业培育行动方案的通知》（穗府办函〔2015〕127号），有力促进了全市高新技术企业的迅猛发展。截至2016年底，我市共有国家高新技术企业4 739家，是2014年（1 656家）的2.9倍，净增3 083家。2017年，全市高新技术企业突破8 000家，市科技创新企业数据库登记企业超过16.9万家，高新技术产品产值占规模以上工业总产值比重达47%。2016年全市4 739家高新技术企业主营业务收入7 860.8亿元，实现进出口总额1 092.4亿元，实际上缴税费总额394.3亿元，当年专利申请受理23 031件，获得授权14 438件，获得境外专利授权843件。科技创新企业特别是高新技术企业，已经成为我市转变经济发展方式、推动产业转型升级的重要力量。

近几年我市虽然在培育高新技术企业方面取得了积极的成效，但也存在不足，主要表现在：高新技术企业在数量和发展质量上仍需增强、创新能力有待提高、创新活动持续性不够、技术创新成果转化能力还需进一步提升、对全市经济发展的支撑作用还不突出，培育高新技术企业的政策体系尚未完善。

二、指导思想

全面贯彻党的十九大精神，以习近平新时代中国特色社会主义思想为指导，深入贯彻习近平总书记重要讲话精神，着力落实我市创新驱动发展战略重大部署，坚持科技创新企业发展“质量第一、效益优先”，坚持高新技术企业数量扩张与质量提升并举、提高企业创新能力与壮大企业规模并重，进一步完善财政支持政策，构建覆盖企业成长主线的全链条政策体系，精准发力、精确扶持、精心培育，不断壮大高新技术企业集群，培育具有国际竞争力的优质企业，打造国际科技产业创新中心，支撑现代化经济体系，推动高质量发展。

三、总体目标

按照“科技创新小微企业—科技创新小巨人企业—高新技术企业—创新标杆企业”的梯次，培育扶持科技企业创新发展。高新技术企业及培育企业数量持续壮大。到 2020 年，全市高新技术企业超过 10 000 家，省高新技术企业培育库入库企业累计超过 10 000 家，市科技创新小巨人入库企业累计超过 10 000 家。高新技术企业创新能力显著提升。到 2020 年，全市高新技术企业研发投入总额达到 400 亿元，研发投入占总收入比例达到 4% 以上；全市高新技术企业科技人员占职工总数比例达到 20%，其中研究生以上学历的人员占比达到 15%；规模以上工业高新技术企业实现研发机构全覆盖；高新技术企业授权专利达到 2 万件，其中发明专利授权 5 000 件，拥有 I 类知识产权的高新技术企业占比达到 35%。高新技术企业自身实现快速成长。全市创新标杆企业超过 500 家，规模以上高新技术企业数量达到 1 500 家；高新技术产品产值占规模以上工业总产值比重达到 50% 以上；挂牌上市高新技术企业（含新三板）达到 200 家。

四、重点任务

（一）持续加强高新技术企业群体规模培育。

1. 不断夯实高新技术企业培育基础。进一步完善市科技创新小巨人企业库建设，对纳入市科技创新小巨人企业库的企业，由市、区两级财政按照一定的比例（按我市现行财政管理体制分担比例确定），给予每家总额为 20 万元的经费补贴，专项用于企业开展研发、创新能力提升等活动。积极引导我市科技型中小微企业申请进入省高新技术企业培育库培育，落实省高新技术企业培育库政策。省高新技术企业培育库在库企业或由权威第三方机构认定的科技型创新企业，经市科技创新委审核后，可纳入市科技创新小巨人企业库。鼓励入库的科技创新小巨人企业加大研发投入，申请高新技术企业认定，实现“小升高”。曾获得高新技术企业认定的企业，不得申请入库（市科技创新委、财政局牵头，各区政府配合）。

2. 深入推进高新技术企业认定工作。对当年度成功通过高新技术企业认定的企业给予 30 万元奖励。其中，对当年度通过高新技术企业认定且研发投入较大的非规模以上企业，根据企业申请认定时间的上一年度经税务部门审核的可税前加计扣除研发费用状况给予额外奖励，上一年度企业研发费用投入在 200 万元（含）到 1 000 万元（不含）的，额外奖励 20 万元，共奖励 50 万元；在 1 000 万元（含）以上的，额外奖励 70 万元，共奖励 100 万元。对当年度通过高新技术企业认定的规模以上企业，参照上述最高标准给予额外奖励 70 万元，共奖励 100 万元。奖励资金由市、区两级财政按照一定比例分担（按我市现行财政管理体制分担比例确定），由企业统筹使用。对有效期内高新技术企业整体迁移至我市行政区域内，且完成相关变更手续的，可适用通过高新技术企业认定奖励政策（市科技创新委、财政局、国税局、地税局牵头，各区政府配合）。

3. 树立高新技术企业创新发展标杆，增强引领示范效应。对进入“广东省高新技术企业年度百强企业”的我市企业及每年遴选出的广州市创新标杆企业，建立对口联系工作制度，精准服务，着力协调解决企业在发展中遇到的困难和问题。发动媒体对有代表性的高新技术企业进行全方位重点报道，提高我市高新技术企业及其产品的知名度，树立优秀创新创业企业家典型，宣传创新创业案例，大力弘扬企业家、创业家精神（市委宣传部、市科技创新委牵头，各区政府配合）。

4. 推动规模以上工业企业和高新技术企业发展“双提升”。推动一批规模以上工业企业通过加强研发投入和技术改造，升级成为高新技术企业；推动一批高新技术企业提高发展速度和发展质量，壮大成为规模以上工业企业。到2020年，力争增加规模以上工业高新技术企业500家（市工业和信息化委、科技创新委负责）。

5. 大力推动区域产业集群发展。紧密结合粤港澳大湾区和广深科技创新走廊建设的重大布局，加快完善创新环境，积极推进以高新技术企业为主体的新兴产业集群发展。推动广州高新区各园区发挥创新资源集聚优势，加速提高高新技术企业比重、高新技术企业工业增加值占规模以上工业企业工业增加值的比重。鼓励围绕核心技术、产业专利池、自主品牌、骨干高新技术企业等核心要素，打造具有国际竞争力的高新技术企业集群（广州高新区管委会牵头，市发展改革委、工业和信息化委、科技创新委配合）。

（二）着力推进高新技术企业创新能力建设。

6. 进一步贯彻落实企业研发经费投入后补助政策。加强政策宣传和培训，引导高新技术企业享受企业所得税优惠和研发费用加计扣除政策，落实企业研发经费投入后补助政策，激励高新技术企业加大研发投入（市科技创新委、财政局、国税局、地税局牵头，各区政府配合）。

7. 全面推进高新技术企业研发机构建设。支持高新技术企业开展各级工程技术研究开发中心、重点实验室、企业技术中心、新型研发机构、制造业创新中心和产业创新联盟等科技创新平台建设。到2020年，规模以上工业高新技术企业实现研发机构全覆盖（市科技创新委、发展改革委、工业和信息化委牵头，市财政局、教育局，各区政府配合）。

8. 推动高新技术企业核心关键技术攻关。市科技计划项目对高新技术企业实行倾斜性支持，优先支持高新技术企业牵头申报产业技术研究专题及未来产业技术专题，重点支持高新技术企业牵头组建产学研协同创新联盟攻克关键核心共性技术（市科技创新委牵头，市发展改革委、工业和信息化委、教育局、财政局，各区政府配合）。

9. 推动企业加大技术改造力度。按照高新技术企业发展要求督促引导企业加大研发投入，积极取得核心知识产权，推动传统工业企业向高新技术企业转变。到2020年，力争传统工业企业通过技术改造新增高新技术企业150家（市工业和信息化委牵头，市科技创新委配合）。

10. 引导国有企业转型升级。支持国有企业加大科技创新力度，建立研发机构，积极开展研发活动。至2020年，力争国有高新技术企业数量超过150家（市国资委牵头，市科技创新委配合）。

11. 支持企业科技创新人才团队建设。鼓励和支持企业积极培养和引进科技创新人才及团队，加强人才培养与交流，为企业创新发展提供智力支撑。落实高新技术企业就业人员积分制享受公共服务和申请公共租赁住房的有关政策（市科技创新委、人力资源和社会保障局、来穗人员服务管理局、住房保障办负责）。

（三）全力推动高新技术企业创新成果转化。

12. 支持企业知识产权创造。实施企业专利“灭零倍增计划”，大力推动企业加快知识产权贯标，对通过管理规范认证的企业和贯标服务机构，给予一定补助。加大力度支持高新技术企业获得高水平知识产权，支持高新技术企业通过研发获得PCT（专利合作协定）、欧美日知识产权和专利成果。到2020年，高新技术企业授权专利达到2万件，其中发明授权5 000件，拥有Ⅰ类知识产权的高新技术企业占比达到35%（市知识产权局、科技创新委负责）。

13. 促进高新技术企业创新产品开发。编制创新产品目录，出台政府采购企业创新产品和服务政策，综合运用首购、订购、推广应用等方式，推动企业加大创新产品研发力度（市科技创新委、财政局负责）。

14. 推动高新技术企业及产品开放创新。支持和鼓励高新技术企业通过产品出口、在海外设立或并购研发公司（机构）、投资建立境外生产基地等方式开拓海外市场，获取先进技术，积极参与“一带一路”倡议实施（市商务委、科技创新委负责）。

（四）完善高新技术企业科技金融体系建设。

15. 引导民间资本支持高新技术企业发展。发挥财政资金的引导和杠杆效应，引导社会资本做大做强产业发展基金，依托社会机构按照社会化、市场化机制运作，支持高新技术企业进行科技成果产业化、股份制改造、国内外上市，收购兼并国内外行业关键技术、知名品牌，以及扩大产能、拓展海外业务等（市科技创新委、金融局负责）。

16. 降低中小型高新技术企业融资成本。继续推动广州市科技型中小企业信贷风险补偿资金池运行，降低高新技术企业融资成本。设立风险准备金和融资担保，主动对接高新技术企业，为银行、小贷公司对高新技术企业的投融资保驾护航，降低高新技术企业融资担保成本（市科技创新委、金融局负责）。

17. 积极推动高新技术企业上市。按照“辅导一批、培育一批、挂牌一批”的原则，建立高新技术企业挂牌上市后备资源库，予以重点辅导培育，继续对企业挂牌上市等给予奖励，与银行机构联动开发“新三板”科技企业信贷产品，推动股债联动，促进直接融资和间接融资相结合。依托广州股权交易中心进一步打造“广州科创板”，促进银行机构与广州股权交易中心深度合作，结合高新技术企业融资特点，创新融资产品和融资服务模式（市金融局、科技创新委负责）。

（五）发挥创新载体和科技服务机构作用。

18. 充分发挥创新载体的作用。以高新区、科技园、孵化器、高校 MBA（工商管理硕士）课堂等载体为依托，引导社会创新资源集聚，加大高新技术企业培育力度，推动政产学研金合作，建立企业培育全流程服务体系（市科技创新委负责）。

19. 提升科技中介服务机构服务水平。整合财税、法律、知识产权、政策咨询等专业领域的中介力量，通过加强业务培训，提高中介服务机构政策水平和专业能力，鼓励和引导中介服务机构为培育高新技术企业提供服务（市科技创新委负责）。

20. 建设高新技术企业综合服务平台。完善高新技术企业运行状态监测系统，强化对企业的精准服务，实现高新技术企业成果转化评价及推介推广标准化，借助“互联网 +”为科技成果转化提供供求信息发布等公共服务，借助市场化手段促进线上线下科技成果推广对接（市科技创新委牵头，市发展改革委、科协配合）。

五、保障措施

（一）加强政策宣传和培训工作。

1. 加强科技创新小巨人企业和高新技术企业优惠政策及培育政策的宣传，提升政策的到达率和知晓度。加强对申报工作的培训，引导企业积极开展科技创新小巨人企业以及高新技术企业的创建和申报（市科技创新委负责）。

（二）建立协同推进工作机制。

2. 市科技创新委、发展改革委、工业和信息化委、财政局、人力资源和社会保障局、商务委、国资委、知识产权局、国税局、地税局、金融局等多部门协同，建立健全高效的企业培育工作机制，及时沟通培育工作中遇到的问题，协同推进各项工作，为壮大高新技术企业群提供全方位服务。

（三）强化工作评价和监督。

3. 加强市区联动，将高新技术企业数量及发展质量监测指标纳入各区创新驱动重点工作评价监测指标体系，加强工作指导和督促，建立高新技术企业优惠政策落实检查制度。

六、附则

本方案自印发之日起施行，有效期 3 年。原《广州市人民政府办公厅关于印发广州市科技创新小巨人企业及高新技术企业培育行动方案的通知》（穗府办函〔2015〕127 号）同时废止。

广州市人民政府办公厅关于促进全市经济技术开发区转型升级创新发展的若干意见

各区人民政府，市政府各部门、各直属机构：

为深入贯彻落实《国务院办公厅关于促进国家级经济技术开发区转型升级创新发展的若干意见》（国办发〔2014〕54号）、《国务院办公厅关于促进开发区改革和创新发展的若干意见》（国办发〔2017〕7号）和《广东省人民政府办公厅关于印发促进经济技术开发区转型升级创新发展实施方案的通知》（粤府办〔2016〕22号）等文件精神，进一步推动我市国家级经济技术开发区和省级经济开发区（以下统称经济开发区）加快发展，在更高层次参与国际经济合作和竞争，经市人民政府同意，现提出以下意见：

一、总体要求

（一）指导思想。全面贯彻落实党的十八大、十九大精神，深入贯彻习近平总书记系列重要讲话精神和治国理政新理念新思想新战略，认真落实党中央、国务院决策部署，紧紧围绕统筹推进“五位一体”总体布局和协调推进“四个全面”战略布局，以“四个坚持、三个支撑、两个走在前列”为工作总纲，牢固树立创新、协调、绿色、开放、共享的发展理念，进一步明确经济开发区发展定位，增强经济开发区功能优势，促进平衡协调发展，努力把经济开发区建设成为带动地区经济发展和实施区域共同发展战略的重要载体、构建开放型经济新体制和培育吸引外资新优势的先行地、科技创新驱动和绿色集约发展的示范区，促进我市开放型经济水平上新台阶。

（二）发展目标。到2020年，经济开发区综合投资环境和产业结构进一步优化，产业布局更加科学，绿色低碳循环发展体系初步建立，基本形成布局合理、规范高效的经济开发区发展体系。提升国家级经济技术开发区的品牌影响力，形成1－2家具有国际竞争力的品牌开发区。大力推进综合实力强、产业集群优、发展质量高的省级经济开发区申请升级为国家级经济技术开发区，推动国家级经济技术开发区的数量和质量同步提升。

二、推进体制机制改革

（一）坚持创新体制机制。鼓励经济开发区进一步解放思想，创新发展理念、办区模式和管理方式，强化经济开发区精简高效的管理特色，合理优化经济开发区管理机构设置和职能配置，集中精力抓好经济管理和投资服务，同时充分依托所在地政府开展社会管理、公共服务和市场监管，完善决策、执行和监督机制，不断提高行政效率和透明度，提高基础设施建设水平和公共服务配套能力，充分发挥市场在资源配置中的决定性作用，积极探索社会化、市场化的建设发展新模式。理顺政府与市场关系，培育和规范行业组织发展。

（二）坚持科学规划引领。探索建立经济开发区统一协调机制，避免我市经济开发区同质化和低水平恶性竞争，形成各具特色、差异化的发展格局。明确各经济开发区的发展方向，完善空间布局和数量规模，形成布局合理、错位发展、功能协调的全市经济开发区发展格局，切实提高我市经济发展质量和效益。

（三）鼓励合理整合优化。鼓励国家级经济技术开发区和发展水平高的省级经济开发区整合区位相邻、相近的各类园区，建立统一的管理机构、实行统一管理，努力将经济开发区打造成本地区制造业、高新技术产业和生产性服务业的集聚发展平台。

三、推动产业转型升级

（一）优化产业结构和布局。认真落实国家、省、市供给侧结构性改革有关部署，各经济开发区以提质增效为核心，因地制宜确定重点领域，走差异化发展道路。协调发展区内先进制造业和现代服务业，加快传统制造业改造升级，大力发展科技研发、物流、服务外包、金融保险等先进服务业，推动企业集群和产业集聚。支持符合条件的经济开发区申报省级服务外包示范园区。深入推进粤港澳服务贸易自由化，在金融、物流、专业服务等重点领域与港澳深化合作。推动产城融合发展，促进各经济开发区完善生活和创新创业配套服务。

（二）提高信息化水平。鼓励各经济开发区加快完善信息基础设施，并以各类信息资源为核心，推进资源共享，提高信息化应用水平，提升运营管理效率和配套服务能力。支持国家级经济技术开发区发展软件和信息服务、物联网、云计算、移动互联和电子商务产业，引导信息技术重点领域领军企业利用信息科技手段，拓展传统产业链，提升产业增值水平。进一步优化经济开发区门户网站建设，打造宣传展示平台。推动经济开发区信息基础设施和其他基础设施同步规划建设。以广州经济技术开发区为试点，鼓励各经济开发区建立大数据产业园区，利用大数据和互联网技术推动传统企业转型升级，激发新兴产业发展活力。

（三）推动贸易模式创新。鼓励经济开发区建设多业态的电子商务产业集聚区，争取国内外知名电商企业在经济开发区设立总部和分支机构。鼓励条件成熟的经济开发区开展跨境电子商务试点业务，创建电子商务示范基地和跨境电子商务产业园。支持经济开发区内企业申报外贸综合服务试点企业。支持符合条件的经济开发区按程序申报设立海关特殊监管区域或场所。

四、加快创新驱动发展

（一）增强科技创新驱动能力。支持经济开发区融入全球创新网络，坚持需求导向和产业化方向，围绕价值链打造产业链、围绕产业链部署创新链、围绕创新链配置资源链。鼓励国家级经济技术开发区引进跨国公司研发中心和创新中心，引导区内企业与跨国公司建立技术战略联盟。推动有条件的国家级经济技术开发区与本市高校、科研院所建立协同创新平台，形成产业创新集群。加快经济开发区大众创业万众创新支撑平台建设。

（二）推进知识产权运用和保护。推进经济开发区内知识产权与产业发展紧密结合，加快推进中新（广州）知识城国家知识产权运用和保护综合改革试验。完善知识产权服务工作机制，加快知识产权服务业发展，提升知识产权服务水平。全面推进企业知识产权“贯标”，推动规模以上工业企业、高新技术企业知识产权标准化管理，开展专利导航，培育专利密集型产业。构建知识产权运营交易机制，支持“互联网＋知识产权”交易平台建设，运行知识产权质押融资风险补偿基金，促进知识产权高效运用。深入推进知识产权保护体制机制改革，完善知识产权争端解决机制，优化知识产权保护环境。

（三）推动金融创新。支持经济开发区与投资机构、商业银行、保险公司等加强合作，创新市场化、社会化投融资体制。支持有条件的经济开发区设立金融、科技、产业融合创新发展基金，搭建金融、科技、产业融合创新发展综合服务平台，运用政府与社会资本合作（PPP）模式开发建设园区。加快建设广州金融创新服务区。鼓励银行、证券公司、保险公司等各类金融机构在国家级经济技术开发区设立网点，为区内企业提供金融服务。支持国家级经济技术开发区内具备条件的开发、运营企业运用发行企业债、短期融资券、中期票据、资产支持票据等债务工具，通过改制上市、到新三板和区域性股权交易中心挂牌等方式进行直接融资。支持开展投贷联动试点，由银行机构与创业投资、股权投资机构合作筛选创新企业，开展“股权 + 银行贷款”和“银行贷款 + 认股权证”等融资创新。支持加大对风险投资机构的政策扶持，打造风险创投中心。

（四）打造创新创业服务平台。大力支持经济开发区开展科技创新，提高企业研发支出占比，鼓励经济开发区加大对就业创新的支持力度。贯彻落实《广东省人民政府关于推进大众创业万众创新的实施意见》（粤府〔2016〕20号），支持国家级经济技术开发区内孵化器、众创空间和研发机构加快发展。支持中小微企业开展技术创新，推动小微企业做大做强。实施孵化器绩效评价管理，着力提高孵化服务能力，支持科技企业孵化器的业务向前后两端扩展，针对不同发展阶段的科技企业提供差异化服务，满足不同成长阶段企业的孵化需求。大力支持广州科学城国家级双创示范基地建设。

（五）加快人才体系建设。支持国家级经济技术开发区发展各类职业技能培训，加强高技能人才实训基地建设，提高硕士研究生及以上人才、专业技术人才和高技能人才数量比例。推动国家级经济技术开发区博士后科研工作站建设，支持未设站的国家级经济技术开发区建设博士后创新实践基地。鼓励经济开发区深化产教融合、校企合作，完善经济开发区引智网络和人才服务体系，大力培养和引进技术性技能型人才、高层次金融人才。支持经济开发区通过设立创业投资引导基金、创业投资贴息资金、知识产权作价入股等方式，搭建科技人才、金融人才与产业对接平台。加强中国海外人才交流大会暨中国留学人员广州科技交流会等海外人才引进平台建设，发挥人才绿卡制度优势，积极落实各项海外人才优惠政策。

五、打造开放型经济新平台

（一）促进国际合作园区发展。创新国际合作园区管理模式和市场化开发模式，在经济开发区建立跨国联合开发、引入战略投资者和吸引跨国公司连片开发等多元开发机制。加强国际合作平台建设，支持广州经济技术开发区中欧区域政策合作试点地区、中以高技术产业重点合作区域和增城经济技术开发区“侨梦苑”、中国—瑞士（广州）低碳产业园等合作项目建设，支持广州经济技术开发区争取将中新（广州）知识城上升为国家级双边合作项目。

（二）推动国际产能合作。推动经济开发区积极参与“一带一路”沿线国家重大基础设施和境外经贸合作区建设，带动企业“走出去”和国际产能合作。鼓励符合条件的经济开发区与“一带一路”沿线国家和地区港口、园区互联互通，共同建设关联境外产业集聚区。

（三）增强区域协调带动作用。结合梅州、清远两市区域特点、产业优势、资源禀赋等实际情况，围绕打造跨区域产业链的目标，推进产业共建、招商合作，引导广州市大型骨干企业和特色优势企业的加工制造环节向广梅、广清产业转移园延伸，实现资源共享、优势互补、协调发展。

六、坚持绿色集约发展

（一）强化土地集约利用。支持经济开发区充分利用“三旧”改造政策盘活土地存量。加大对闲置用地、低效用地和批而未供用地的处置力度，推进存量用地二次开发。提高经济开发区单位土地地区生产总值产出强度、土地开发利用率。鼓励工业用地长期租赁，引导企业通过提高容积率等方式减少占地规模，防止长期大量圈占土地。建立经济开发区重大项目用地保障机制，确保高科技项目、先进制造业、战略性新兴产业项目供地，对超亿美元的战略性新兴产业重大项目，符合“布局集中、产业集聚、用地集约”要求的，用地计划予以重点保障。

（二）推动绿色低碳发展。鼓励经济开发区进行绿色产品、绿色工厂、绿色园区、绿色供应链等试点创建工作，率先实施能效、水效和环保领跑者制度。大力发展节能环保产业等战略性新兴产业，推广合同能源管理模式，积极推行环境污染第三方治理。支持经济开发区创建生态工业示范园区、循环经济改造示范试点园区等绿色园区，开展经贸领域节能环保合作。大力支持广州经济技术开发区推进配售电体制改革，开展能源互联网建设综合示范，提升经济开发区能源集约利用水平。严格资源节约和环境准入门槛，支持发展节能环保产业，提高能源资源利用效率，减少污染物排放，防控环境风险。增强环境监测监控能力，建立环境风险和安全生产防范长效机制，完善并落实安全生产"党政同责、一岗双责、齐抓共管、失职追责"的责任体系，强化事故防控，促进经济开发区绿色低碳、安全及可持续发展。

七、优化营商环境

（一）优化综合投资环境。经济开发区要以与国际接轨为导向，以投资者满意为中心，加强软环境的塑造。制定国家级经济技术开发区企业服务标准，规范企业服务标准化流程，鼓励国家级经济技术开发区企业参与制定服务标准。鼓励国家级经济技术开发区建立并完善政务服务中心，为企业提供综合审批服务，完善商业生活配套，整合区内外资源为企业提供服务，构建更加完善的国家级经济技术开发区公共服务体系，使其成为服务企业的"集成商"。在经济开发区加大电子政务建设力度，整合各类信息系统，建立健全网上统一受理平台和政务服务中心综合受理窗口，按照"前台综合受理、后台分类审批、统一窗口出件"的方式，实现统一窗口受理、统一事项清单、统一审批标准、统一项目编码、统一网上办理、统一效能监督，健全社会信用体系、异常经营名录、监管信息共享和综合执法等制度，完善政府顾问工作机制，打造便利化、法治化、国际化的营商环境。

（二）规范经济开发区招商引资。节俭务实开展经济开发区招商引资活动，提倡以产业规划为指导的专业化招商、产业链招商。严格执行国家财政政策和土地政策，禁止侵占被拆迁居民和被征地农民的合法利益，不得违法下放农用地转用、土地征收和供地审批权，不得以任何形式违规减免和返还土地出让金，不得违反国家规定给予税收优惠政策。

（三）完善经济开发区数据统计。进一步完善国家级经济技术开发区、省级经济开发区各类经济指标的区域统计，相关职能部门要支持各经济开发区取得区域内经济社会发展数据。各级统计部门定期汇总各类经济开发区经济社会发展数据指标报至省商务厅、统计局，并分送市、区领导及有关职能部门。

广州市人民政府办公厅
2017 年 11 月 8 日

广州市人民政府办公厅关于促进广州绿色金融改革创新发展的实施意见

各区人民政府，市政府各部门、各直属机构：

以花都区为核心建设的广州市绿色金融改革创新试验区自2017年6月获批以来，经过两年探索实践，在绿色金融产品创新、服务创新、体制机制创新方面取得了一定成效。为贯彻落实党中央、国务院关于生态文明建设的决策部署以及省、市相关要求，总结提升和复制推广广州市绿色金融改革创新试验区建设经验，促进全市绿色金融改革创新发展，推动绿色金融更好地服务于广州高质量发展和粤港澳大湾区战略，经市人民政府同意，现提出以下实施意见：

一、深化绿色金融改革创新

（一）完善绿色金融市场体系。推进新设、引进和升级一批绿色金融机构，对新设立或新迁入的法人金融机构按实收资本规模给予最高不超过2 500万元的一次性奖励，对新设立或新迁入的金融机构地区总部和经国家金融监管部门批准、备案或批复的法人金融机构设立的专业子公司（不含股权投资机构）给予200万元的一次性奖励。

（二）加强绿色信贷产品创新力度。鼓励银行业金融机构加大对广州绿色产业和项目信贷的支持力度，信贷产品重点向节能减排、生态农业、海绵城市建设、黑臭水体整治、排水防涝等领域倾斜，支持开展合同能源管理、企业特许经营权、排污权和碳排放权等环境权益抵质押业务，支持新能源汽车等重点产业。对上年度绿色贷款余额增量达到25亿元（含）以上的银行机构，给予贷款余额增量0.02%的补贴，最高不超过100万元。

对市科技型中小企业信贷风险补偿资金池合作银行为科技型绿色中小企业发放贷款所产生的贷款本金损失，由科技信贷风险补偿资金池按有关规定承担部分损失。

（三）发挥资本市场对绿色产业的融资功能。支持绿色企业到境内外交易所上市或到新三板、广东股权交易中心挂牌融资，支持开展并购及重组业务。

对在境内外证券市场新上市的绿色企业给予300万元的一次性补贴，对进入全国中小企业股份转让系统挂牌交易的绿色企业给予100万元的一次性补贴，对进入广东股权交易中心、中证报价私募股权市场等平台挂牌交易的绿色企业给予30万元的一次性补贴。绿色企业在区域性股权市场进行股权质押融资获得融资金额300万元以上的，按照融资金额的1%给予最高不超过10万元的一次性补贴。

（四）创新绿色保险产品经营模式。加大环境污染强制责任保险推广应用力度。鼓励保险机构针对生态农业、特色产品等开展保险产品创新。在开展政策性小额贷款保证保险试点中，鼓励保险公司和银行机构优先对符合条件的绿色农业企业、科技企业、小微企业或农业种植大户和城乡创业者给予支持。由政策性小额贷款保证保险资金对符合条件的借款人给予贷款本金1%的保费补贴，对不良贷款引发的赔款支出按规定给予保险公司补偿。

（五）支持地方监管的金融机构开展特色绿色金融业务。引导小额贷款、小额再贷款、融资担保、融资再担保、融资租赁、商业保理、私募股权投资等地方金融机构结合自身特点和行业需求，开展特色绿色金融业务创新，支持绿色初创企业、中小企业发展。鼓励小额贷款、融资担保公司优先支持绿色项目融资需求，对增资扩股达到一定条件的给予最高1 000万元的一次性奖励。对融资租赁企业为绿色企业或项目、新能源乘用车和商务车等开展融资租赁业务，按照市融资租赁产业发展扶持政策给予奖励。

（六）完善绿色金融评价、信息披露和行业标准。完善银行业金融机构绿色信贷统计制度，建立绿色信贷实施情况关键评价指标，探索开展绿色银行评级。研究推进绿色股票指数与环境影响评估工作，引导金融机构、上市公司和发债企业加强环境信息披露。探索制订绿色票据标准，争取率先在全国出台绿色金融票据标准，为广州地区企业运用绿色票据拓宽融资渠道奠定基础。与有关国家性行业组织合作，探索制定并发布绿色保险标准。

（七）创新金融科技对绿色金融的支持方式和手段。鼓励金融机构推广人工智能、云计算、区块链等技术应用，创新对绿色企业和项目的风险识别和管理，优化绿色金融服务手段、方式和场景。鼓励金融机构在营业网点、社区金融服务站、农村金融服务站等场所推广应用智能柜台、远程视频柜员机、机器人大堂助理等设备，提升服务效率和智能化水平，降低业务办理能耗。

二、落实重点工作任务

（八）推广绿色金融发展的成熟经验和模式。

推广绿色企业及项目标准。应用绿色企业和绿色项目认定办法，为金融机构开展绿色金融业务提供指引。出台第三方绿色认证机构管理指引，推动广州地区金融机构与绿色金融相关中介机构在绿色认证、评估等领域开展合作。

推广绿色融资模式。打造资金流、物流和信息流三流合一、风控闭环、融资风险可控的绿色供应链融资模式。引入政策性银行和商业性银行贷款双轮驱动模式，提供符合绿色项目需求的融资方案。推动广州地区金融机构、广州碳排放权交易中心深化碳排放权抵质押贷款、林业碳汇、生态补偿、碳普惠、新能源资产投融资与交易等业务合作。稳步推进排污权、用能权等环境权益交易及融资产品创新。

推广绿色险种。在全市推进环境污染责任保险、安全生产责任保险等传统绿色保险产品应用，并积极推广建筑设施缺陷保险、药品置换责任保险、绿色农业保险等创新型绿色保险产品。推动金融机构和企业发行绿色金融债券、绿色企业债券、绿色公司债券、绿色债务融资工具、绿色资产支持证券等绿色债券。拓宽绿色产业和基础设施融资渠道。企业在交易所市场、银行间市场新发行绿色债券，按照发行费用的10%给予最高不超过100万元的一次性补贴；在区域性股权市场新发行绿色债券，按照发行费用的20%给予最高不超过100万元的一次性补贴。

加大移动支付等应用力度。进一步推进移动支付等技术在公共服务领域和生活消费领域应用，推广应用电子商业汇票，提高支付便利程度。

在广东自贸区南沙片区探索设立跨境绿色金融资产交易中心，开展跨境绿色金融资产、航空航运资产、融资租赁资产、商业保理资产等交易业务。

（九）充分发挥重点绿色平台和机构功能。争取国家尽快批准设立以碳排放为首个品种的广州创新型期货交易所，研究上市碳排放期货产品。支持广州碳排放权交易中心进一步创新交易模式和交易产品，积极参与全国碳排放权交易体系及绿色金融相关标准体系建设，参与国际碳交易业务，强化碳排放权交易作用和功能。发挥广东股权交易中心绿色环保板区域性股权交易市场的优势和作用，鼓励广州及周边地区绿色企业挂牌融资并积极支持挂牌绿色企业发展壮大、转板。支持银行机构加快设立绿色分行或支行、绿色金融事业部，整合优化绿色金融业务管理制度。鼓励金融机构积极参与境内外绿色金融行业自律机制和环境信息披露工作。

（十）完善强化广州绿色金融产融对接系统。指导各相关部门、行业协会研究制定绿色产业发展政策，定期征集绿色企业和绿色项目，动态维护绿色企业和项目库，建立与现行奖励政策相挂钩的激励机制。进一步优化绿色金融改革创新试验区产融对接系统功能，引导各相关部门、金融机构和绿色企业及项目接入产融对接系统，提高产融对接效率和成效，并适时探索接入粤港澳大湾区其他城市的绿色项目。

（十一）推动各区高标准建设绿色金融聚集区。支持各区结合自身产业特点，将绿色金融纳入金融业发展规划，探索绿色金融特色发展模式和路径，运用绿色金融政策和金融产品、工具，服务城市三旧改造、产业升级等重点领域。支持各区结合自身实际建设绿色金融街区或展示窗口，实现老城市新活力。支持各区参照省、市做法进一步完善绿色金融组织领导机制，强化扶持政策。

三、发挥粤港澳大湾区绿色金融示范引领作用

（十二）围绕香港大湾区绿色金融中心建设，实现穗港绿色金融发展再升级。建设国际认可的绿色债券认证机构。鼓励企业在香港发行经香港或国际认证机构认证的绿色债券。支持在香港、澳门发行绿色债券的企业和金融机构享受香港、澳门绿色债券有关扶持政策并做好协调服务。

（十三）加强大湾区绿色金融标准对接合作。推动粤港澳大湾区合作，建设互联互通的绿色金融产品服务、绿色企业和项目认定、绿色信用评级评估、绿色金融统计、金融机构及上市企业环境信息披露等标准体系。

（十四）推动大湾区绿色金融市场互联互通。支持广州地区银行机构与香港、澳门地区银行机构以银团贷款、跨境融资等方式支持大湾区重点绿色项

目建设。鼓励符合条件的港澳地区金融机构和企业设立合资证券、基金、期货和保险公司及开展合格境外有限合伙人（QFLP）业务。鼓励穗港保险机构合作开发绿色保险产品。支持粤港澳大湾区绿色金融信息互联互通。完善工作机制，定期向粤港澳大湾区内金融机构推送绿色企业和项目库信息。探索绿色金融改革创新试验区产融对接系统功能和信息对港澳地区金融机构开放。探索建立粤港澳大湾区环境信用信息共享查询和绿色企业信用联合奖惩机制。

（十五）建立粤港澳大湾区绿色金融自律组织合作机制。推动广东金融学会绿色金融专业委员会、广州金融业协会等自律组织和广州地区金融机构与香港、澳门地区绿色金融协会、金融机构及有关部门建立粤港澳大湾区绿色金融自律组织合作机制，推进绿色金融业务合作。

四、加强绿色金融风险防范

（十六）加强金融风险防控。建立国家金融监管部门驻粤机构、地方金融监管部门及相关部门协同的监管机制，指导绿色金融业务创新，对环境和社会风险管控不力的金融机构强化监管约束。发挥广州金融风险监测防控中心作用，综合运用金融科技手段加强绿色金融风险防控。加强与香港、澳门金融管理部门联系，探索建立粤港澳大湾区绿色金融监管协调机制。

（十七）加强政策协调对接。不断完善绿色企业和项目评估认证机制，加强与相关行业主管部门的协调对接，防止非绿企业和项目通过漂绿、洗绿等行为，套取绿色金融改革创新政策和金融机构业务支持。

五、完善保障措施

（十八）加强组织领导。发挥广州市绿色金融改革创新试验区建设推进领导小组的统筹协调作用，落实领导小组各成员单位职能，共同深化绿色金融改革创新。强化市相关部门与花都区等各区的协调联动，整合资源，把统筹推进全市绿色金融改革创新与发挥区一级先行示范作用相结合，动员、组织、引导金融机构和企业参与绿色金融业务实践，举全市之力推进绿色金融改革创新工作。

（十九）发挥政策正向激励作用。综合运用再贴现等货币政策工具满足企业绿色票据融资需求，支持绿色金融发展。开展金融机构绿色信贷业绩评价，将评价结果作为开展宏观审慎评估、货币政策工具运用、绿色金融创新试点、专项激励政策实施的重要参考依据。积极支持绿色信贷业务开展良好的金融机构使用信贷政策支持再贷款、再贴现工具。市财政通过转移支付支持绿色金融改革创新工作。将对金融机构的绿色信贷业绩评价结果作为我市金融业扶持资金、高层次金融人才评定等的重要依据。对绿色金融领域表现突出的金融机构和企业，在申报我市各类金融业扶持资金时，实行绿色通道和即报即审。

（二十）优化绿色金融政务服务。优化整合政务服务，为绿色企业和项目提供一站式政务服务和招商服务。

（二十一）支持培育绿色金融专业人才。在市高层次金融人才评定项目中开展绿色金融高级专业人才评定，对经认定的现有绿色金融高级专业人才，获评当年给予补贴 10 万元；对新引进的绿色金融高级专业人才，给予安家补贴 20 万元。定期组织开展绿色金融专题培训或交流活动，提高金融机构绿色金融管理人员和业务人员的专业能力。

（二十二）加强经验总结推广。建立和完善绿色金融改革创新的信息、案例收集与整理机制，及时总结宣传和推广绿色金融创新做法，促进绿色金融创新的常态化、标准化。

广州市深化“互联网＋先进制造业”发展工业互联网行动计划

为贯彻落实《国务院关于深化“互联网＋先进制造业”发展工业互联网的指导意见》（国发〔2017〕50 号）和《广东省人民政府关于印发广东省深化“互联网＋先进制造业”发展工业互联网实施方案及配套政策措施的通知》（粤府〔2018〕23 号）等文件精神，深入实施工业互联网创新发展战略，推动互联网与制造业深度融合，促进制造业转型升级，特制定本行动计划。

一、总体要求

（一）指导思想。

以习近平新时代中国特色社会主义思想为指导，全面贯彻党的十九大和十九届二中、三中全会精神，深入贯彻习近平总书记重要讲话精神，坚持新发展理念，按照高质量发展的要求，落实国家和省发展工业互联网决策部署，以供给侧结构性改革为主线，以全面支撑“广州制造 2025”战略、制造强市和网络强市建设为目标，着力建设先进网络基础设施，构建标识解析体系，发展工业互联网平台体系，同步提升安全保障能力，加快汇聚工业互联网资源，促进行业应用创新，打造工业互联网生态体系，推动我市互联网与先进制造业融合发展水平迈上新台阶。

（二）主要目标。

到 2020 年，率先形成国内领先的工业互联网基础设施和产业体系。

——初步建成低时延、高可靠、广覆盖的工业互联网网络基础设施。加快构建工业互联网标识解析体系，建成标识解析国家顶级节点，建设一批标识解析二级节点及以下其他服务节点。

——初步形成各有侧重、协同集聚发展的工业互联网平台体系。引进和壮大一批具有全球影响力的龙头企业，培育形成 5 家左右具备较强实力、国内领先的工业互联网平台服务商，50 家以上技术和模式领先的工业互联网解决方案服务商，推动 2 000 家以上工业企业运用工业互联网新技术、新模式实施数字化、网络化、智能化升级，带动4万家以上企业“上云上平台”，提升企业信息化能力，形成一批具有国内先进水平的工业互联网解决方案和工业APP（应用程序）。

——初步建立工业互联网安全保障体系，建立健全安全管理制度机制，全面落实企业内部网络安全主体责任。

力争用3年左右时间，培育1—2家达到国际水准的跨行业跨领域工业互联网平台，以及一批具备国际竞争力的行业性、功能性工业互联网平台，基本建立较为完备可靠的工业互联网安全保障体系，加快汇聚工业互联网信息流、技术流、人才流、资金流，将我市建设成为国内领先和具有全球影响力的工业互联网生态枢纽。

二、重点任务

（一）网络基础设施改造行动。

1. 升级建设工业企业外部网络。推动基础电信运营商加快宽带网络基础设施建设改造，扩大4G（第四代移动通信）网络覆盖广度和深度，通过改造已有网络、建设新型网络等方式，建设低时延、高带宽、广覆盖、可定制的工业互联网企业外部网络。加快推动5G（第五代移动通信）、NB-IoT（窄带物联网）、SDN（软件定义网络）、NFV（网络功能虚拟化）等新一代网络通信技术应用部署。鼓励重点工业园区建设高质量工业互联网网络基础设施。（责任单位：市工业和信息化委、各区政府、中国电信广州分公司、中国移动广东有限公司广州分公司、中国联通广州分公司。列在首位的为牵头单位，下同）

2. 加快企业内部网络建设改造。支持企业内部网络进行IP（互联网协议）化、光网化、无线化、扁平化和柔性化改造。加快TSN（时间敏感网络）交换机、工业互联网网关等新技术关键设备应用推广，开展IPv6（互联网协议第六版）设备、软件和解决方案应用部署。加强工业互联网领域无线电频谱等关键资源保障力度。（责任单位：市工业和信息化委、各区政府、中国电信广州分公司、中国移动广东有限公司广州分公司、中国联通广州分公司）

3. 推动网络提质降费。鼓励基础电信运营商降低企业专线和数据流量资费，在广东省降低网络资费标准的基础上，为我市工业企业再降低费用或免费提供网络保障增值服务。（责任单位：市工业和信息化委、中国电信广州分公司、中国移动广东有限公司广州分公司、中国联通广州分公司）

4. 加快标识解析体系建设。部署建设工业互联网标识解析国家顶级节点（广州），建设公共标识解析服务平台，形成标识注册、解析、查询、搜索、备案、认证等公共服务能力。在汽车、船舶制造、生物医药、高端装备、都市消费工业、新一代信息技术、新材料、新能源等重点行业，建设和运营一批标识解析二级及以下其他服务节点，开展关键产品追溯、供应链管理、大规模个性化定制、产品全生命周期管理等标识解析集成创新应用示范。（责任单位：市工业和信息化委、各区政府）

支持方式：对取得良好应用效果和显著社会经济效益的企业内外网改造项目、工业互联网标识解析集成创新应用项目，按照不超过项目总投资额的30%给予补助，单个项目最高不超过500万元。

时间节点：到2020年，基本建成满足工业互联网网络覆盖及业务发展需要的企业外部网络；完成一批重点企业内部网络改造；建成标识解析国家顶级节点（广州），建设和运营5个左右标识解析二级服务节点。

（二）平台体系培育行动。

5. 加快平台建设。积极推动国内外优质工业互联网平台落地建设。支持制造业企业、信息通信企业、互联网企业、基础电信运营商、自动化企业、科研院所等各类主体协同合作，建设资源富集、多方参与、合作共赢的跨行业跨领域工业互联网平台，支持建设一批面向特定行业、垂直领域的行业性、功能性工业互联网平台。支持平台不断扩大终端设备接入规模。支持平台加大研发投入，不断完善平台功能，面向不同行业和场景开发提供即插即用、低成本、易推广的应用服务。（责任单位：市工业和信息化委、科技创新委，各区政府）

6. 推动企业“上云上平台”。落实广东省工业企业“上云上平台”有关扶持政策，推动企业使用公有云平台提供的计算、存储、数据库等信息基础设施，推动企业核心业务系统、生产设备以及产品“上云上平台”，实现生产资源优化配置、制造能力精准交易和供应链高效协同。推动基础电信运营商与各类工业互联网服务商加强合作，推出满足不同场景、不同业务的云网套餐，降低企业“上云上平台”成本。鼓励各区通过财政支持、购买服务等方式，出台配套政策支持企业“上云上平台”。（责任单位：市工业和信息化委、各区政府）

支持方式：支持跨行业跨领域工业互联网平台、行业性工业互联网平台、区域级工业互联网平台以及企业级工业互联网平台建设，对取得良好应用效果和显著社会经济效益的项目，按照不超过项目总投资额的30%给予补助，单个项目最高不超过500万元。

落实广东省工业企业“上云上平台”服务券奖补政策，在获得省“上云上平台”服务券奖补基础上，对已通过两化融合管理体系贯标评定、且未获得市财政贯标评定奖补资金的企业，额外奖补20万元。

时间节点：到2020年，培育5家左右国内领先、跨行业跨领域多类型的工业互联网平台，推动2 000家以上工业企业运用工业互联网新技术、新模式实施数字化、网络化、智能化升级，带动4万家以上企业“上云上平台”。

（三）产业支撑强化行动。

7. 加快关键技术研发。实施重大科技专项，支持龙头企业、科研院所、各类新型研发机构面向未来应用需求，开展时间敏感网络、确定性网络、低功耗工业无线网络等新型网络互联技术研究，加快可视化编程、复杂系统建模、工业APP开发工具等关键共性技术和产品研发，推进边缘计算、深度学习、增强现实、虚拟现实、区块链等新兴前沿技术在工业互联网的应用研究。加快高性能网络设备、工业芯片与智能模块、工业互联网网关、智能传感器、机器人及智能装备、工业软件等工业互联网软硬件产品研发与产业化，形成一批具有自主知识产权的核心关键技术和产品。（责任单位：市科技创新委、工业和信息化委、知识产权局，各区政府）

8. 推进测试验证平台建设。依托省市共建工业互联网创新中心，建设工业互联网关键技术联合测试实验室，加快试验验证环境建设、仿真与测试工具开发，免费提供相关技术、产品测试验证服务；建设多类型的工业互联网平台测试环境和测试床，开展工业互联网平台、网络、安全等关键技术的功能性、可靠性、安全性、兼容性测试验证服务。结合创新中心的检测服务，开展工业互联网应用能力评测分析。鼓励行业领先企业结合优势技术领域，制定工业互联网基础共性标准和行业应用标准，推动优秀企业标准向行业标准、国家标准和国际标准转化。支持企业开展标准试验验证、标准专项申报、标准应用部署。（责任单位：市工业和信息化委、科技创新委、质监局，各区政府）

9. 培育一批工业APP。面向重点行业以及“工业四基”（关键基础材料、核心基础零部件/元器件、先进基础工艺和产业技术基础）等重点领域，支持企业、科研院所开发应用一批基础共性、行业通用、企业专用的多种类型工业APP，覆盖研发设计、生产制造、经营管理、运维服务等核心业务环节。推动工业APP向工业互联网平台汇聚，支持研发设计工具和运营管理软件加速云化改造，实现工业技术、知识、经验、能力软件化应用和平台化共享。支持创新中心、科研院所、研究机构等建设工业APP检测和评价公共服务平台，开展工业APP检测、绩效评价等工作。（责任单位：市工业和信息化委、科技创新委，各区政府）

10. 扶持一批工业互联网服务商。围绕汽车、新一代信息技术、新材料、新能源、生物医药、高端装备、都市消费工业等优势行业，打造软硬兼备的工业互联网解决方案，培育集聚一批以工业互联网集成方案、咨询服务、数据服务等为主要业务的工业互联网服务商。建设广州市制造业工业互联网应用创新需求库和工业互联网能力供给库，不定期举办全市各行业领域制造业企业、工业互联网企业、咨询企业间的交流互动和精准对接等活动。（责任单位：市工业和信息化委、科技创新委，各区政府）

支持方式：对取得良好应用效果和显著社会经济效益的创新成果转化项目、工业互联网解决方案，按单个项目不超过项目总投资额的30%给予补助，最高不超过500万元，或给予直接股权投资支持，单个企业扶持金额最高不超过1亿元。对拥有工业APP软件著作权和相关发明专利的企业，按不高于前三个首版次软件产品销售合同累计金额的30%给予补助，单个项目最高补助不超过500万元。

时间节点：到2020年，建立2—3个技术标准与试验验证系统，培育50家以上技术和模式领先的工业互联网解决方案服务商。

（四）应用创新试点示范培育行动。

11. 开展大企业创新应用示范。支持龙头企业加快工业互联网集成创新应用，提高设备联网、数据采集以及数据集成应用能力，开展大数据智能管理，鼓励构建跨工厂内外的工业互联网平台和工业 APP，打造互联工厂和全透明数字车间。鼓励发展基于工业互联网的众包、众创、众享等新模式，支持龙头企业创建“双创”平台，推动发展高效协同研发、质量精细管理、协同供应链、产品全生命周期服务等新业务新模式，提升内部孵化、裂变能力，形成新的竞争优势。（责任单位：市工业和信息化委、国资委、科技创新委，各区政府）

12. 加快中小企业工业互联网应用普及。支持云化软件应用，鼓励各类工业互联网服务商积极对接中小企业，开展供需对接、软件租赁、能力开放、众包众创、云制造、电子商务等创新型应用，加快低成本、模块化、快部署的工业互联网设备和系统在中小企业的推广应用。（责任单位：市工业和信息化委、各区政府）

13. 打造工业互联网产业示范基地。以在广州开发区建设的广东省工业互联网产业示范基地为核心，在海珠琶洲互联网价值创新园、天河软件价值创新园以及番禺、花都、增城等互联网与信息技术基础好、制造业实力强的园区，结合产业特色与基础优势，形成一批以工业互联网创新、服务、应用为特色的示范园区。积极推动广州开发区成为国家级工业互联网产业示范基地，形成“一基地多园区”的工业互联网产业集聚发展新格局。（责任单位：市工业和信息化委、各区政府）

支持方式：对取得良好应用效果和显著社会经济效益的工业互联网应用创新试点示范项目，按照不超过项目总投资额的 30% 给予补助，单个项目最高不超过 500 万元。

对列入国家、省级的工业互联网产业示范基地，在资金扶持、工业互联网应用推广、生态创新发展等方面予以重点支持。对国家级和省级工业互联网产业示范基地，按照与国家、省资助额最高 1∶1 比例给予资金配套。

时间节点：到 2020 年，重点打造 50 个左右工业互联网示范工厂和试点项目，形成具有示范和推广价值的典型经验和通用解决方案。

（五）产业生态融通发展行动。

14. 促进大中小企业融通发展。推动龙头企业通过工业互联网向产业链上下游企业开放能力和共享资源，通过资源出租、服务提供、产融结合等方式，向产业链上下游中小企业开放数据入口，实现数据信息、计算能力、创新资源共享，带动中小企业开展应用创新。鼓励大中小企业跨界融合、优势互补，实现多维度、深层次、嵌合式融通发展，形成智能化生产、网络化协同、个性化定制、服务化延伸等新模式。（责任单位：市工业和信息化委、科技创新委，各区政府）

15. 打造开源开放共享生态。充分发挥政府主导作用，推进政府与工业领域的数据对接，丰富政府数据来源。推动政府数据清洗与脱敏，在保障安全的前提下，分级分域推进政府数据开放，推动形成工业互联网企业参与、利益共享、激励创新的公共数据生态，充分挖掘数字经济红利。支持制造业龙头企业、工业互联网服务商开展开源社区、开发者平台和开放技术网络建设，提供开发环境、工具和工业数据，广泛汇聚第三方开发者，举办面向工业APP开发、特定行业、特定场景的开发者大会、应用创新竞赛等活动。（责任单位：市工业和信息化委、发展改革委、科技创新委，各区政府）

16. 构建创新服务生态。成立具有广州特色的市级工业互联网产业联盟，打造工业互联网融合创新服务生态。依托省市共建工业互联网创新中心，搭建工业互联网供给侧能力发布平台，展示广州市各工业互联网服务商的微服务应用、工业APP、解决方案和应用案例等。建设工业互联网创新中心等各类新型研发机构，引进和整合高校、科研院所、企业创新资源，打造协同研发、测试验证、数据利用、交流合作、咨询评估、创业孵化等公共创新服务载体，推动多领域融合型技术研发与产业化应用。建设集企业体检、示范产线、赋能生态、能力培训为一体的“广州工业互联网企业医院”，形成工业企业从工业互联网建设需求到解决方案供给的闭环体系，提升企业核心竞争力。（责任单位：市工业和信息化委、科技创新委，各区政府）

支持方式：采取“一事一议”方式对创新中心建设予以支持。鼓励各区对创新中心建设用地、办公场所、人才引进等方面予以优先保障。

时间节点：到2020年，创建一批工业互联网新型研发机构，每年举办一次工业互联网应用创新竞赛。

（六）安全保障行动。

17. 建立多层次的安全保障体系。建立覆盖设备安全、控制安全、网络安全、平台安全和数据安全的多层次工业互联网安全保障体系。以关键基础安全产品、新兴领域安全技术的研发创新及产业化为核心，打造高端可信计算系统等自主网络与信息安全生态体系，建设工业互联网安全监测与评测平台，大力发展相关技术和产业，推动工业互联网实现自主、安全、可控。（责任单位：市工业和信息化委、科技创新委，各区政府）

18. 建立安全评估与监督机制。完善信息保护、数据流通、数据公开、安全责任等相关制度，构建安全、可信、公正、透明、专业的工业互联网规则体系，建立工业互联网设备、网络和平台的安全评估与监督机制。（责任单位：市工业和信息化委、科技创新委，市委网信办，各区政府）

19. 提升安全服务能力。推动工业互联网数据接入安全、平台安全、访问安全等相关核心技术发展，促进工业防火墙、工业网闸、加密隧道传输、平台入侵实时监测、网络威胁防护等技术的成果转化和推广应用，支持安全咨询、运维、技术研发等相关服务企业形成产业规模。推动安全可靠、自主可控的软硬件企业在穗落地，加快产业链上下游企业集聚发展，建立本地化服务体系。（责任单位：市工业和信息化委、科技创新委，各区政府）

时间节点：到 2020 年，推动工业互联网信息和数据的安全保障产品大范围应用，培育形成 2—3 家具有核心竞争力的安全企业。

三、保障措施

（一）加强组织保障。

坚持政府引导、市场主导，加大政策支持力度。在广州市推进“中国制造 2025”试点示范城市建设联席会议制度下设工业互联网发展专项工作小组，研究推进产业发展重大事项，协调解决政策落实、重大工程建设、资金安排等工作。搭建各类公共服务平台，为企业提供规划指导、研发设计、融资服务、管理咨询、检测认证、知识产权保护等服务，为政府决策和企业经营提供支撑。（责任单位：市工业和信息化委、发展改革委、科技创新委、财政

局、质监局、知识产权局、金融局，各区政府）

（二）加大资金扶持。

广州市“中国制造2025”产业发展资金、广州市科技创新发展专项资金、广州市专利资助资金等市级财政资金重点向工业互联网领域倾斜，加大资金扶持力度，重点支持一批工业互联网研发、发明专利、产业化、推广应用等项目。鼓励各区设立工业互联网产业发展专项资金。（责任单位：市工业和信息化委、发展改革委、科技创新委、知识产权局，各区政府）

（三）创新金融服务。

充分利用现有的政府投资基金，设立百亿级广州工业互联网产业发展子基金，引导社会资本加大对工业互联网领域的投资，支持符合条件的工业互联网企业在境内外多层次资本市场上市、挂牌，实现融资发展。鼓励各区依照各自的产业特色，设立工业互联网相关产业发展基金。支持开展金融创新，鼓励金融机构、社会资本开展基于工业互联网的供应链金融、融资租赁等新型金融服务，降低企业融资成本，缓解中小企业融资难融资贵问题。（责任单位：市工业和信息化委、金融局、发展改革委、财政局，各区政府）

（四）强化人才培育。

落实加快集聚产业领军人才政策，推进引资引技引智，用好各类引才平台，引进工业互联网高水平研究型科学家和具备产业经验的高层次领军人才，建立工业互联网高端人才引进绿色通道。推动院校、科研院所、企业等机构依照产业转型升级和工业互联网发展需求，形成全日制高等教育、职业教育和在职教育等类型的人才培养体系，培养IT（信息技术）、IE（工业工程）、IoT（物联网）和AI（人工智能）等多类学科相结合跨领域复合型人才。支持在穗高校将工业互联网相关学科专业纳入重点发展学科专业。支持创新中心、产业联盟、协会等机构，采用会议、专题讲座、慕课、微课等方式培训企业人员，共同打造我市工业互联网人才培育体系。（责任单位：市教育局、人力资源和社会保障局、工业和信息化委，各区政府）

（五）加强合作交流。

每年在广州召开具有全国影响力的工业互联网大会。加强与国内外工业互联网相关机构在技术、应用、管理、安全等方面开展经验交流，积极参与工业互联网标准体系制定。鼓励企业借鉴国际先进经验，突破关键技术，开展产品研发和应用创新。支持广州市各行业协会、商会和联盟等社会组织，召开多种类型的工业互联网宣贯会和培训会，营造工业互联网发展的良好氛围。支持本地高校与国内外高校开展工业互联网相关科研交流，学习新技术、新理念、新模式，强化相关学科基础，进一步支持产学研协同创新。（责任单位：市工业和信息化委、科技创新委、商务委、质监局）

四、其他

（一）本行动计划涉及具体政策的实施细则按照有关政策文件（资金管理办法、实施细则和项目申报指南等）执行，各支持项目根据每年财政预算及工作实际可以适当调整。

（二）本行动计划自印发之日起施行，有效期3年。

广州市构建现代金融服务体系三年行动计划（2016—2018年）

为贯彻落实市委、市政府关于加快建设国际航运中心和物流中心、贸易中心、现代金融服务体系以及国家创新中心城市的战略部署，着力构建业态丰富、结构合理、服务高效、安全稳健的现代金融服务体系，现结合我市实际，制定本行动计划。

一、行动要求

（一）总体思路。

贯彻落实创新、协调、绿色、开放、共享发展理念，坚持金融为实体经济服务的本质要求，充分发挥我市金融业的规模优势、创新优势和政策优势，通过实施“金融+”行动计划，优化配置金融资源，提升金融服务功能，培育金融新业态，推动经济实现新发展。

（二）基本原则。

一是坚持金融服务实体经济的原则。用好用足国家和省赋予我市各类金融改革创新先行先试政策措施，加快推进金融重点领域和关键环节的改革创新，不断增强金融服务实体经济的能力和水平。

二是坚持实体经济与金融融合发展的原则。传统和新兴产业都要树立“互联互通、共享共赢”的互联网思维，增强运用金融资源的意识和能力，推动金融资本与产业资本深度融合，打造经济发展的新动力和新支柱。

三是坚持突出重点与大胆创新的原则。充分引导金融资源向我市重点发展的产业以及社会民生领域集聚，同时，将金融创新摆在全局发展的核心位置，充分调动和利用好存增量、境内外金融资源，为实体经济发展注入强大动力。

（三）发展目标。

通过实施“金融+”三年行动计划（包括金融+国际科技创新枢纽、金融+国际航运枢纽、金融+国际航空枢纽、金融+互联网、金融+自贸区、金融+“一江两岸三带”、金融+商贸消费、金融+电子商务、金融+先进制造、金融＋文化创意、金融＋绿色生态、金融＋总部经济、金融＋民营经济、金融＋益民惠农），金融与经济社会各领域的融合进一步深化，金融支撑大众创业、万众创新的作用进一步增强，金融成为我市稳增长、调结构、促转型、惠民生的重要支撑，基本形成现代金融服务体系。到2018年，全市金融业增加值突破2 500亿元，占GDP（地区生产总值）的比重达11%左右。

二、重点行动

（一）金融＋国际科技创新枢纽。

1. 大力发展创业及股权投资机构。积极推进我市股权投资市场规范发展，促进科技、金融与产业融合发展，设立科技企业孵化器天使投资引导基金和科技成果转化引导基金，对创业及股权投资机构投资孵化期、初创期科技企业给予一定补助。借鉴相关城市经验，在具备条件的区域建设特色基金小镇，集聚一批境内外优质私募基金公司。到2018年，全市创业及股权投资机构突破3 000家，管理资金规模突破5 000亿元。

2. 加快发展科技信贷市场。引导金融机构创新科技型融资产品，推广知识产权质押、产业链融资、投贷联动、股权质押融资等新型融资产品，探索开展高新技术企业信用贷款融资试点，对列入国家级、市级高新技术企业的科技企业，银行机构统一开展授信合作，发放信用贷款。开展投贷联动试点，由银行机构与创业投资、股权投资机构合作筛选科技创新企业，开展“股权＋银行贷款”和“银行贷款＋认股权证”等融资创新。探索开展高新技术企业信贷资产证券化试点。鼓励保险机构、担保机构开展贷款履约保证保险、担保及再担保等业务。新设一批科技金融专营机构。到2018年，全市科技支行突破20家，科技小额贷款公司突破10家、科技融资担保公司等突破5家。

3. 发展和利用多层次资本市场。持续加大扶持力度，鼓励我市处于不同发展阶段的科技企业通过主板、中小板、创业板、新三板、区域股权交易市场、众筹平台等获得多层次融资支持。支持科技企业发行中小企业集合票据、中小企业私募债以及在银行间债券市场发行短期融资券、中期票据等债务融资工具。鼓励科技型上市企业发行公司债券和可转换债券。到2018年，全市上市企业突破150家（其中科技企业突破130家），新三板挂牌企业突破

500家。

4. 发展知识产权金融。支持中国技术交易所华南分中心、广州知识产权交易中心等平台创新产权评估机制，稳步推进中国（广州）知识产权投融资服务平台建设，加快知识产权产业化和资本化。争取国家支持在珠三角地区全面开展专利保险试点，探索设立知识产权保险公司。

5. 推动科技保险服务创新。全面推广科技保险工作和国家专利保险试点工作，实行科技保险费率补贴，支持保险公司进一步扩大科技保险险种，将服务对象从高新技术企业扩大到科技企业。

6. 加快建设广州金融创新服务区。推动在广州金融创新服务区规划建设科技金融一条街，通过实施特殊优惠政策和营造良好环境，集聚一批科技支行、创业及股权投资机构、科技小额贷款公司、科技融资担保公司、科技保险支公司等科技金融服务机构。到2018年，广州金融创新服务区集聚各类机构达200家以上。

7. 打造众创金融生态圈。在琶洲互联网创新集聚区、互联网金融产业基地等区域，通过构建支持众创发展的导师系统、信用系统和融资系统，实现创新与创业相结合、线上与线下相结合、孵化与投资相结合，为广大创新创业者提供良好的工作空间、网络空间、社交空间和资源共享空间，形成良好的众创金融生态圈。

8. 建设创新创业金融街（园区）。在广州民间金融街、互联网金融基地及白云区等小微企业创新发展活跃的区域，建设一批创新创业金融街（园区），重点集聚与创新创业密切相关的私募股权投资机构，以及互联网股权众筹平台、网络小额贷款、网络金融超市、网络金融大数据挖掘和评估、企业信用评价、信用增级等互联网金融从业机构。

（二）金融+国际航运枢纽。

1. 大力集聚航运金融机构。依托龙穴岛国际航运物流集聚区、黄埔港区和南沙保税港区，加快设立和引进航运金融机构。推动银行机构和保险公司在南沙设立航运金融部、航运保险运营中心，争取设立航运金融租赁公司、航运保险公司等专业性机构，鼓励设立船舶融资租赁公司，支持融资租赁公司设立单船项目子公司，开展船舶融资租赁业务，大力引进香港、新加坡等地的航运投资银行。积极争取国家支持对注册在广州的保险企业从事国际航运保险业务给予税收优惠。支持成立航运保险协会、船东互保协会，吸引国内外船东互保协会在广州设立分支机构。探索在广东自贸区南沙新区片区建设离岸航运金融服务平台，为注册在海外的航运企业提供离岸、在岸一体化金融服务。

2. 创新发展航运金融产品。支持航运金融机构发展航运融资、信托、担保、资金管理、商业保理、信用评级等服务业务，支持广州航运交易所探索开展航运交易、港航资产交易、航运保险交易、船舶融资租赁资产（产权）交易、航运资金结算、海损理算、航运信贷转让、航运运价指数场外衍生品开发与交易等业务，为航运物流企业提供融资安排和专业化的融资服务。支持航运金融和保险服务外包公司，培育和发展票据分配、信息安全处理、IT（信息技术）服务管理、外汇管理服务等第三方金融外包服务。鼓励保险机构在自贸区南沙新区片区开展航运保险、海损理算等业务，并试点开展港澳再保险业务。支持保险中介服务机构、保险经纪人开展海上保险业务。推动单船融资租赁以及跨境租赁、出口租赁等离岸业务创新。

3. 大力拓展航运融资渠道。设立航运产业基金和航运担保基金，由政府出资引导，吸纳港航企业、金融机构以及社会资本等参与，推动航运企业利用多层次资本市场做大做强。支持设立航运产业私募基金、信托基金、投资基金、并购基金等各类基金。探索通过众筹模式筹建航运发展基金，鼓励大型船舶制造企业、港航企业和物流企业设立集团财务公司、担保公司、小额贷款公司、融资租赁公司等，拓宽民营中小航运企业融资渠道。

4. 做优做强广州航运交易所。支持广州航运交易所打造航运交易、航运金融、航运信息三大平台，拓展航运交易服务、航运金融服务、航运人才交流、临港大宗商品交易及航运衍生品交易五大市场。开展航运交易模式和产品创新，加快珠江航运指数研发，搭建航运结算中心，大力发展航运物流金融。加快创新体制机制，通过市场化运作，做大做强广州航运交易有限公司。

（三）金融 + 国际航空枢纽。

1. 大力发展航空金融。争取国家支持，建立和完善航空工业产品出口融资体系，对航空企业的高技术产品出口和高技术境外投资项目，在流动资金贷款和出口信贷方面给予政策性金融支持；鼓励银行业金融机构对飞机购租、机场及配套设施建设提供优惠的信贷支持，完善航空企业融资担保等信用增强体系，为航空工业企业提供综合性金融服务；支持设立航空产业基金，重点引导对基础设施、核心技术研发、重大产业项目建设等方面的投资；支持航空企业上市融资、发行债券和中期票据，充分利用燃料油、外汇与利率相关衍生品规避风险。

2. 推动金融支持空港经济区建设。积极引进商业银行、外资商业银行、政策性银行在空港经济区内开设分支机构和增设营业网点。支持空港经济区内大型银行分支机构的升格，进一步增强分支机构的融资效率和服务功能。积极利用企业集团财务公司、金融租赁公司为港区经济建设提供金融服务与资金支持。推动国有企业和民营企业以参股、控股、独资等方式或运用 PPP（政府和社会资本合作）等模式，参与空港经济区的机场设施、通用航空设施和铁路、公路、信息通信网络等基础设施项目建设。探索在空港经济区开展土地租赁、作价入股等土地有偿使用试点，支持设立土地信托机构，开展多币种信托基金试点。探索建设广州国际航空金融港。

3. 重点发展飞机租赁业。积极引入单机租赁公司，发展 SPV（特殊目的载体）企业，鼓励国内外各种投资主体投资飞机租赁业，鼓励租赁企业通过资产重组或增资扩股等手段，提高租赁企业的经营效率，扩大经营规模，自主开展飞机租赁业务。鼓励政策性银行、商业银行或者其他金融机构向租赁公司提供与租赁期限一致的中长期贷款，支持飞机租赁公司和银行金融租赁公司争取发行飞机租赁企业债券或者专项金融债券。探索成立飞机租赁担保基金。

（四）金融 + 互联网。

1. 加快发展互联网金融从业机构。支持有条件的金融机构建设创新型互联网平台，开展网络银行、网络证券、网络保险、网络基金销售和网络消费金融等业务。支持各类资本依法合规设立互联网支付机构、网络借贷平台、股权众筹融资平台、网络金融产品销售平台等机构。到 2018 年，全市互联网金融从业机构达到 400 家。

2. 做大做强互联网金融交易平台。支持广州股权交易中心青创板做大做强，为青年创业项目和创业企业提供孵化培育、规范辅导、挂牌展示、投融资对接等综合金融服务。加快组建广州数据交易中心，面向全国提供完整的数据交易、结算、交付、安全保障、数据资产管理和融资等服务，助力我市电子商务和“互联网 +”发展。

3. 建设互联网金融产业基地。加快建设广州民间金融街、广州中小微企业金融服务区、天河 CBD（中央商务区）、海珠万胜广场、广州开发区互联网金融产业园等互联网金融产业基地，出台办公用房、业务发展、人才等方面的扶持政策，促进互联网金融从业机构集聚发展。

4. 营造良好发展环境。引导社会化的创业服务机构为互联网金融从业机构提供注册设立、融资对接、信用评估、财务核算、业务营销、人才招聘等专业化服务，支持会计、审计、法律、信用评级、担保、咨询等金融市场服务机构为互联网金融从业机构提供配套服务，促进商事登记便利化，工商、税务等部门为互联网金融企业办理注册登记等事项提供优质高效政务服务。积极申报国家互联网金融综合改革试验区。

（五）金融 + 自贸区。

1. 加快自贸区金融改革创新。争取国家金融监管部门支持开展外债宏观审慎管理、合格境内投资者境外投资试点（QDIE）。全力争取国家支持在广东自贸区南沙新区片区设立创新型期货交易所、银行卡清算机构等创新型机构。支持 21 世纪海上丝绸之路沿线国家和地区在南沙设立支付结算中心、跨境金融资产交易平台等。

2. 打造中国融资租赁第三极。贯彻落实我市加快融资租赁业发展的实施意见，加快推进南沙区内外资融资租赁统一管理试点。支持融资租赁公司、金融租赁公司在南沙设立单机、单船、大型设备等项目子公司和功能创新平台公司，探索设立融资租赁资产交易中心，打造华南地区乃至全国最大的融资租赁中心。

3. 开展跨境人民币创新业务。加快开展跨境人民币贷款、跨境发行人民币债券、跨境人民币结算、跨境人民币双向资金池、境内个人直接投资境外资本市场、跨境电子商务结汇便利化等创新业务，促进投资贸易便利化，深化穗港澳台金融合作。争取国家支持跨境金融创新业务试点向中新知识城等重大平台扩展。

4. 支持开展各类跨境交易业务。依托广州金融资产交易中心、广东贵金属交易中心等交易平台，在广东自贸区南沙新区片区探索开展跨境金融资产、跨境贵金属、跨境融资租赁资产等交易。

5. 推进建设南沙现代金融服务区。加快开发建设进程，加强金融招商选资，加大对境内外金融机构特别是外资和港澳金融机构、市场交易平台的引进力度，争取到2018年入驻金融和类金融机构达10 000家以上。

（六）金融+“一江两岸三带”。

1. 加大对“一江两岸三带”基础设施建设的金融支持。引导金融机构创新符合PPP模式特点的金融服务，向以PPP模式建设的项目提供持续稳定的融资。鼓励信托投资公司与证券公司、保险公司合作发起设立以投资和运营重大基础设施项目为定位的股权投资基金，引导银行机构配套提供资金募集、托管等服务并给予项目贷款支持。争取亚洲基础设施投资银行、丝路基金等机构对“一江两岸三带”建设项目的资金支持。

2. 大力发展政府产业投资基金。支持广州基金进一步撬动更多社会资本，搭建天使投资、VC投资（风险投资）、PE直投（私募股权投资）、产业融资等全链条基金管理体系。推广增城南粤基金设立经验，推动各区设立由政府主导的产业投资基金，放大财政资金引导效应，激活社会资本投资，推进产业转型升级。到2018年，全市产业投资基金总规模突破3 000亿元。

3. 充分利用保险资金。建立保险资金投资项目资源库，加强与各类保险机构的交流合作，形成保险资金与重点项目的常态对接机制。鼓励保险公司通过投资企业股权、债权、基金、资产支持计划等多种形式，在合理管控风险的前提下，为“一江两岸三带”建设项目提供资金支持。

4. 鼓励民间资本参与重大项目建设。支持民间资本通过参控股、并购重组、PPP等多种方式参与“一江两岸三带”重大项目建设。

（七）金融+商贸消费。

1. 大力发展商贸金融。支持银保合作，大力推广供应链金融、商圈融资等金融创新产品或服务，在资信调查、商账追收、贸易融资、风险管理等环节为商贸企业提供金融保险支持。支持金融机构设立境外网点和拓展境外业务，为企业“走出去”提供融资增信等服务。推进跨境人民币结算业务创新，鼓励金融机构为企业和项目量身定做资金结算、贸易融资、保值避险等人民币金融产品，促进贸易投资便利化。引导具备条件的外贸企业开展跨国公司本外币资金集中运营管理业务，提高资金使用效率。

2. 完善消费信贷服务体系。积极研究、制定和落实有利于扩大消费的信贷政策措施，鼓励金融机构加大消费信贷产品创新，积极发展各类消费金融业务，推进住房、家电、教育、旅游等信贷消费。引导银行机构推出网络购物、旅游休闲等主题的金融 IC 卡（芯片银行卡），形成新的消费热点。推动金融机构与电信运营商、电商企业合作拓展移动金融运用场景，为城乡居民提供安全便捷的移动互联消费方式。加快发展消费金融公司，开展个人消费贷款业务，支持居民扩大消费需求。

3. 加快建设广州商品清算中心。支持开展仓单登记、托管、串换、融资服务，设立融资仓库，建设广州区域大宗商品统一报价清算平台，形成广州价格影响力。

4. 积极发展出口信用保险。加大出口信用保险对自主品牌、自主知识产权、战略性新兴产业和新兴市场出口的支持力度，重点支持高科技、高附加值的机电产品和大型成套设备的出口。完善小微企业承保模式，扩大小微企业出口信用保险覆盖面。加快发展境外投资保险，为企业“走出去”提供投资、运营、劳动用工等方面的一揽子保险服务。

（八）金融 + 电子商务。

1. 加强对电子商务的融资支持。推动银行机构建立适应电子商务发展特点的资信评级、审批流程和风险控制等制度，将客户的电子交易活动信息及电商平台对客户的分析评价作为信贷审批的重要依据，提升信贷管理与电商发展模式的契合度。鼓励金融机构在风险可控的前提下，采用无形资产和动产质押融资方式，扩大电子商务企业贷款抵质押品范围，探索发展网络联贷联保等中小企业网络融资产品。支持电子商务企业通过境内外证券市场融资，符合条件的可列为重点上市培育企业。支持和引导电子商务企业引入风险投资、战略投资，发行电子商务中小企业集合债券，推动设立广州市电子商务风险投资基金。

2. 大力发展电子支付业务。加快发展网上支付、电话支付、手机支付等新型电子支付业务，优化电子商务资金结算环境，争取将广州列入移动支付试点城市。建立健全非银行支付机构日常监管和市场准入及退出常态化机制，稳妥推进第三方支付机构的规范发展，优化电子商务资金结算环境。

3. 推进跨境电子商务支付和结汇便利化。抓住广州建设跨境电子商务综合试验区契机，落实跨境电子商务外汇管理便利化措施，简化进出口收付汇业务办理手续，积极引导企业开展跨境人民币结算业务。推进支付机构跨境外汇支付业务试点，便利参与跨境电子商务的企业和个人资金收付汇。

（九）金融 + 先进制造。

1. 完善先进制造业金融综合服务体系。支持符合条件的制造业企业申请设立财务公司、金融租赁公司等金融机构，推广大型制造设备、生产线等融资租赁服务。积极发挥政策性金融、开发性金融和商业金融的优势，加大对新一代信息技术、高端装备、新材料等重点领域的支持力度，引导金融机构创新符合制造业企业特点的产品和业务。支持符合条件的制造业企业在境内外上市融资、发行各类债务融资工具。引导风险投资、私募股权投资等支持制造业企业创新发展。鼓励符合条件的制造业贷款和租赁资产开展证券化试点。探索开发适合制造业发展的保险产品和服务。

2. 大力发展金融设备制造业。推动我市金融装备制造业向运维管理、营运管理、安全管理、武装押运等金融外包服务领域延伸。支持我市金融装备制造业依托云计算、大数据、移动互联网等开展技术创新、业务创新，拓展服务的深度和广度。支持广电运通、御银科技两大金融装备制造企业创新发展、做大做强，打造全球金融装备制造龙头企业。加快建设华南金融设备制造业基地，打造全国高端金融装备示范园区。

（十）金融 + 文化创意。

1. 加强对文化创意企业的信贷支持。在风险可控前提下，对处于成熟期、经营模式稳定、经济效益好的文化创意企业给予信用贷款支持。对文化类重大融资项目，积极组织银团贷款对接具体项目。对重点文化集团发放并购贷款。鼓励银行设立文化金融专营机构，大力开发收益权质押贷款、知识产权质押贷款等符合政策导向的信贷产品。推动银行尽快形成适合文化创意企业特点的信用评级机制、贷款审批机制和利率定价机制。

2. 发展文化股权投资市场。研究设立文化创意产业投资基金。鼓励创投引导基金投资文化创意类创投企业，引导保险资金、券商资金、信托资金、合格机构投资者等作为文化股权投资基金的投资者。吸引一批优秀的外资股权投资机构在广州发起设立文化股权投资基金。

3. 创建文化金融合作试验区。探索在越秀、荔湾等区创建文化金融合作试验区，在试验区内试行包括资金、财税、土地、人才等在内的文化金融合作政策，推动文化融资担保、文化融资租赁、文化小额贷款、文化投资基金、文化信托、文化保险等集聚发展。积极向国家申报国家级文化金融综合改革试验区。

（十一）金融 + 绿色生态。

1. 大力完善绿色金融服务体系。通过银行贷款、私募基金、发行债券和股票等方式将社会资金引导投入到环保、节能、清洁能源和交通等绿色产业。鼓励金融机构对环保诚信企业提供贷款额度和利率优惠，完善对合同能源管理企业的金融服务。在涉及重金属企业、石油化工等高环境风险行业推行环境污染责任保险。

2. 创新建设广州碳排放权交易所。探索在培育碳排放权交易市场主体、开发碳金融产品、构建碳金融市场运行机制等方面先行先试，完善碳排放权交易规则、交易系统和交易标准，引入合格境外投资者参与交易，打造服务全国生态文明建设、辐射“一带一路”沿线国家的碳交易平台。

3. 争取设立以碳排放为首个品种的创新型期货交易所。贯彻落实《中国（广东）自由贸易试验区总体方案》（国发〔2015〕18 号），积极配合国家和省有关部门，按照省政府的要求和部署加快推进设立创新型期货交易所工作。

（十二）金融 + 总部经济。

1. 完善金融对总部企业的服务功能。创新金融服务产品，根据总部企业特点，提供个性化整体服务方案，综合运用整体授信、并购贷款等方式，探索有效的总部融资模式。开展跨国公司总部外汇资金集中运营管理试点。支持我市上市公司开展资本运作，进行跨地区、跨行业的收购兼并、资产重组，实现上市资源的优化整合。支持符合条件的上市公司按规定实施股权激励计划和开展员工持股计划，健全激励约束长效机制。鼓励上市公司充分利用配股、增发、可转换债券等方式再融资，鼓励上市公司股东将优质资产与核心业务注入上市公司，提高资产证券化率和资本运作水平。

2. 大力发展总部金融。培育一批金融龙头和骨干机构，支持广发银行、广发证券、广发期货等行业领先企业在风险可控前提下以相互控股、参股方式探索综合经营，进一步做大做强；支持广州银行、广州农商银行、广州证券、万联证券等市属金融机构通过增资扩股、引进战投、改制上市、兼并重组等方式实现跨越式发展。新设一批金融机构，全力争取国家支持在广州设立花城银行（民营银行）、银行卡清算机构、财务公司、航运保险公司、健康保险公司、互联网保险公司、信用保证保险公司、合资全牌照证券公司等创新型金融机构。培育若干个金融控股集团，支持省属金融控股集团做大做强；支持广州金融控股集团打造金融业态完备、各金融板块高效协同的现代金融服务控股集团；支持越秀金融控股集团打造金融资本与产业资本紧密结合，境内境外两个市场深度融合的金融控股集团；支持广汽集团打造国内领先的汽车金融集团公司；支持广州基金打造国内知名、以股权投资为特色的金融控股集团。到 2018 年，全市进入中国金融 500 强企业突破 15 家。

3. 大力加强金融招商工作。推动大型金融机构和企业集团新设的专业性、功能性、创新型金融机构落户广州。积极引入港澳台金融机构和分支机构。推动运营在广州但注册地不在广州的金融机构回迁广州。到 2018 年，全市持牌金融机构突破 350 家，法人金融机构突破 80 家。

4. 依托广州国际金融城大力发展总部金融。将金融城作为我市总部金融招商的核心载体之一，加快开发建设进程，落实进驻金融城的优惠政策，加大对境内外金融机构特别是总部金融机构、金融控股集团、综合型企业集团金融板块的引进力度，综合运用购地建楼、物业置换的多种方式引导金融机构加快进驻，争取到 2018 年入驻金融机构达到 50 家以上。

（十三）金融 + 民营经济。

1. 支持民营资本进入金融领域。研究制定扶持政策，鼓励更多民间资本进入金融领域。支持民营资本与国有资本的创新合作，发展混合所有制金融组织体系，培育1—2个全国知名的民营金融投资和服务集团。

2. 大力发展小额贷款公司。支持外资设立小额贷款公司。改善小额贷款公司发展环境，支持小额贷款公司接入人民银行征信系统。支持小额贷款公司加强与小额再贷款公司的资金及技术合作，拓宽小额贷款公司融资渠道，支持小额贷款公司上市及发债，不断拓宽融资渠道。支持符合条件的小额贷款公司改制设立村镇银行或社区银行。到2018年，全市小额贷款公司突破100家，贷款余额突破300亿元。

3. 规范发展融资担保公司。加快设立大型政策性融资担保公司，支持各类资本参与设立融资性担保公司。依托各类专业市场、产业园区、行业协会促进融资性担保机构专业化经营与业务创新。建立融资担保风险补偿资金，开展再担保业务，改善和提高融资性担保机构的抗风险能力。

4. 推进广州民间金融街建设发展。进一步扩大街区范围，争取到2018年入驻机构突破250家，集聚民间资本超300亿元；充分发挥民间资本活力，探索在民间金融街试点众筹产业集聚；支持境内外资本在民间金融街设立小额贷款公司，大力发展互联网金融等新业态；支持民间金融街继续先行先试，成为广东省金融创新先行示范区；争取国家支持将民间金融街列为全国民间金融发展示范区；力争将省内外其他地区民间金融街的价格数据纳入中国民间融资（广州）价格指数，不断提升民间融资“广州价格”的影响力。

（十四）金融+益民惠农。

1. 提升小微企业金融服务。出台优惠政策，支持商业银行设立更多小微企业信贷专营机构。推进开展政策性小额贷款保证保险，不断提升总量规模和社会效益。争取设立广州中小微企业信用保险公司。

2. 充分发挥广州股权交易中心的平台功能。支持广州股权交易中心优化股东结构，强化市场服务，打造全国性的青年大学生创业投融资综合服务板块、广东省高成长中小企业板快和互联网股权众筹平台，打造具有金融政策发布、信息展示、融资对接等功能的中小微企业培育与金融政策对接基地，建设华南地区最具影响力的中小微企业综合金融服务平台。到2018年，广州股权交易中心挂牌企业数突破8 000家，融资额突破100亿元。

3. 运用保险机制加强民生保障。鼓励保险公司开发适应我市需求的“以房养老”保险产品，争取将广州列为个税递延型养老保险试点城市，鼓励更多的保险资本投资商业养老产业。争取引入更多的保险机构和保险资金进入医疗卫生产业，支持保险机构参与健康服务业产业链整合，支持保险公司参与公立医院改革，争取开展商业健康保险个人所得税政策试点。研究建立巨灾保险基金、巨灾再保险等制度，大力发展责任保险。

4. 加快建设社区金融服务站。进一步提高社区金融服务的覆盖率，引导参与机构到金融服务较薄弱的社区开设服务站，支持牵头机构挖掘偏远区域的业务发展空间。进一步提高第三方支付设备的配置率，鼓励服务站牵头机构引入具备视频功能的自助设备，丰富金融知识普及内容及形式。到2018年，全市社区金融服务站突破700家。

5. 大力完善农村金融服务体系。推动商业银行设立农村金融服务站，支持村镇银行开设分支机构，支持依托农业龙头企业设立资金互助合作社，完善农村金融组织体系和服务体系。大力发展农村互联网金融，降低农民获取金融服务的门槛和成本。积极发展政策性农业保险，完善多层次的农业巨灾风险转移分担机制，引导商业保险公司针对农民保险保障需求发展农村小额人身保险。开展林权、农村承包土地经营权、农民住房财产权抵押贷款等“三农”金融产品创新，盘活农村闲置资产。积极打造一批农村金融示范及信用镇（村），建设小型农村金融街区，推进农村地区社会信用体系建设，提升农村金融服务水平。推广增城区农村金融服务站建设经验，在有农村的区建设一批农村金融服务站。到2018年，全市农村金融服务站突破280家。

6. 加快建设广州中小微企业金融服务区。加快增城样板区建设，逐步向各区发展扩大，力争到2018年进驻600家以上金融服务机构，建设大数据库，创新中小微企业融资产品，打造成为中小微企业贴身金融服务创新区。

三、保障措施

（一）加强机制保障。由市金融局牵头建立广州金融业发展工作协调配合机制，研究部署推进工作，统筹协调重大问题。完善广州市金融发展相关机构建设，提升我市对金融机构和人才的服务水平。

（二）加强政策保障。科学编制好《广州市金融业发展十三五规划》。修订完善《关于支持广州区域金融中心建设的若干规定》，将银行业持牌专营机构、专业子公司等创新型金融机构（组织）纳入奖励范围。制定好促进我市金融业发展的指导意见。争取以省政府名义出台《关于加快推进广州区域金融中心建设的若干意见》。推动各区特别是金融发展重点区出台专项金融政策，构建国家、省、市、区四级联动的金融政策规划体系。

（三）组建各类金融产业联盟。根据实际情况需要，成立由金融机构、创投机构、企业、产业园区、科研院校等组成的各类金融产业联盟，如科技金融产业联盟、互联网金融产业联盟、文化金融产业联盟等，加强联盟成员间的资源共享和沟通交流，实现协同创新、合作共赢。探索成立广州市金融产业联盟，整合产业资源，形成发展合力。

（四）加强人才保障。大力引进一批金融领军人才、金融高级管理人才和金融高级专业人才。推动在南沙新区实施境外高端金融人才优惠政策。切实帮助解决金融人才特别是高端金融人才及其家属（包括金融监管部门“一行三局”）在住房、医疗、子女教育、出入境等方面的困难。支持金融机构实施员工持股，完善股权激励机制。支持金融机构博士后平台建设，大力引进香港和境外金融专业培训机构。

（五）加强金融文化建设。继续办好中国（广州）国际金融交易·博览会，突出交易、交流和招商特色，打造具有国际影响力的金融会展品牌。继续办好珠江金融系列论坛，不断提升论坛的档次和影响力，打造金融领域的高层次对话平台。办好金融图书“金羊奖”，普及金融知识、弘扬金融文化。推进建设广州国际金融文化交流中心（岭南金融博物馆），打造传承和发扬金融文化的重要载体。加快建设广州国际金融研究院，打造全国一流的金融高端研究、培训、教育和文化交流平台。

（六）加强金融风险防控。完善地方政府对小额贷款公司、融资性担保公司、融资租赁公司、创业及股权投资机构、交易场所等新型金融组织的监管模式，加强与金融监管部门的监管联动。大力提高金融案件的审理效率和金融纠纷的调解水平，建立金融消费纠纷调解机制，充分发挥金融行业协会等自律组织的监督协调作用。加大防范和处置非法集资工作力度，加强监测预警，严厉打击非法集资犯罪，依法妥善处置大案要案，加强宣传教育，全面遏制非法集资高发态势。加强中小学、职业院校学生金融理财和风险意识教育。加强对经济新常态下金融业可能出现问题的研判，注重风险防控和处置，确保金融运行平稳有序。

广州市科学技术局关于印发广州市建设科技创新强市三年行动计划（2019—2021 年）的通知

各区委、区政府，市直局以上单位：

经中共广州市委、广州市人民政府同意，现将《广州市建设科技创新强市三年行动计划（2019—2021 年）》印发给你们，请认真组织实施。执行过程中遇到的问题，请径向市科技局反映。

广州市科学技术局

2019 年 9 月 29 日

广州市建设科技创新强市三年行动计划（2019—2021 年）

为深入贯彻习近平新时代中国特色社会主义思想和党的十九大精神，贯彻习近平总书记视察广东重要讲话精神，大力实施创新驱动发展战略，围绕《粤港澳大湾区发展规划纲要》中对广州创新发展的定位和要求，落实省委“1 +1 +9”工作部署和市委“1 +1 +4”工作举措，抓住建设粤港澳大湾区国际科技创新中心的历史机遇，加快建设科技创新强市，促进广州实现“老城市新活力”“四个出新出彩”，制定如下行动计划。

一、建设科技创新强市总体要求

（一）总体思路。

围绕我国建设世界科技强国的总体战略部署，落实我省建设科技创新强省的任务要求，打通“科学发现、技术发明、产业发展、生态优化”创新发展全链条，支撑高质量发展，充分发挥广州作为国家中心城市和综合性门户城市引领作用，打造粤港澳大湾区建设发展核心引擎。坚持问题导向，加快重点领域突破。建设重大科技基础设施，实施关键核心技术攻关，突出企业技术创新主体地位，提升创新成果转化能力。坚持需求导向，服务经济社会发展。促进创新链、产业链、资金链、政策链有效结合，进一步提升科技创新对经济社会发展的支撑和引领作用。坚持改革引领，构建开放创新格局。深化科技体制机制改革，强化粤港澳大湾区创新协同，构建开放式创新生态环境。

（二）总体目标。

共建粤港澳大湾区国际科技创新中心和粤港澳大湾区综合性国家科学中心，加快形成创新发展的新动能和增长极，打造辐射引领型国家重要中心城市。建设科技创新强市，分三步走：第一步，到 2021 年，在国际科技创新枢纽和初步建成国际科技产业创新中心的基础上，初步建成科技创新强市，原始创新能力大幅提升，科技成果转化顺畅，高精尖企业汇聚，高端高质高新产业体系完备，风投创投活跃，孵化育成体系完善，高端人才集聚，成为在科技创新领域代表我国参与国际竞争的“重要引擎”，全社会研究与试验发展（R&D）经费占地区生产总值（GDP）的比重达到 3.1%，科技进步贡献率达到 65% 左右；第二步，2025 年，基本建成科技创新强市，基础研究和原始创新能力跻身世界前列，成为我国关键核心技术突破外溢“辐射极”，形成一批具有全球影响力的高端产业集群，成为全球金融资本、高端人才的“汇聚点”；第三步，2035 年，全面建成科技创新强市，拥有世界一流的大学、科研机构、创新企业，科技和人才成为城市发展最重要的战略资源，依靠科技创新实现全面创新，经济高质量发展。

二、建设科技创新强市重点行动

（一）重大科技基础创新平台提升行动。

1. 工作目标。集聚大科学装路和重大创新平台，建设具有世界领先水平的实验室，共建粤港澳大湾区综合性国家科学中心。到 2021 年末，力争筹建国家实验室 1 家、建设广东省实验室 3 家，建设国家重点实验室 22 家，实现国家大科学装路建设零的突破。到 2019 年，力争建设 2 家广东省实验室，建设国家重点实验室 20 家。到 2020 年，力争筹建 1 家国家实验室，建设 3 家广东省实验室，建设国家重点实验室 21 家。到 2021 年，力争筹建 1 家国家实验室，建设 3 家广东省实验室，建设国家重点实验室 22 家，争取 1 个国家大科学装置落户广州。

2. 主要任务。

科学谋划粤港澳大湾区国际科技创新中心广州创新合作片区空间布局。

加快推进中新广州知识城、广州科学城、南沙科学城、琶洲人工智能与数字经济试验区（含广州大学城）等“三城一区十三节点”建设。高质量、高标准推进“广州—深圳—香港—澳门”科技创新走廊广州段“四核”和“十三节点”建设，增强广州—深圳双引擎驱动力，强化广州作为穗深港科技创新走廊和穗珠澳科技创新走廊枢纽中心城市功能。支持广州高新区建设世界一流高科技园区，推动广州高新区扩容。（责任单位：市发展改革委、科技局，各区政府）

规划布局建设重大科技基础设施。重点布局一批国家大科学装臵和重大创新平台。加快推动冷泉生态系统大科学装臵、人类细胞谱系大科学设施、华南国家生物安全实验室集中布局建设，大力推进广州再生医学与健康广东省实验室、南方海洋科学与工程广东省实验室（广州）争创国家实验室，推进人工智能与数字经济广东省实验室建设，支持国家超算广州中心的“天河二号”系统扩容升级，依托海洋综合科考船、天然气水合物钻采船等重大科技基础设施，积极争取新一批国家大科学装臵落户广州。（责任单位：市发展改革委、科技局，海珠区、黄埔区、南沙区政府）

重点打造国际一流水平科研院所。落实服务科研院所建设发展的政策措施，大力推进中科院珠三角大科学研究中心、中科院空天信息研究院粤港澳大湾区研究院暨太赫兹国家科学中心、广东粤港澳大湾区国家纳米科技创新研究院、粤港澳大湾区协同创新研究院、广东硬科技创新研究院、北京大学大湾区光子技术研究院建设。加强与全球顶尖高校和科研机构共建联合研究院，吸引海内外顶尖实验室、研究所、高校、跨国公司来穗设立全球领先的科学实验室和研发中心，打造前沿科学研究高地。（责任单位：市科技局、发展改革委，市委外办，越秀区、黄埔区、南沙区政府）

着力建设“双一流”大学和学科。支持中山大学、华南理工大学、华南师范大学、暨南大学、广州中医药大学等高校开展世界一流大学和世界一流学科建设，支持在穗高校广东省重点学科建设，推进广州大学、广州医科大学高水平大学建设。加快香港科技大学（广州）、华南理工大学广州国际校区、中科院大学广州学院、广州科技教育城建设。引导驻穗高校完善学科布局，推动基础学科与应用学科均衡协调发展。（责任单位：市教育局、发展改

革委、科技局、重点项目管理中心）

（二）源头核心技术突破行动。

1. 工作目标。基础学科研究体系基本建立，突破一批前沿性、引领性关键核心技术，取得一批重大科技成果和自主知识产权。到2021年末，基础研究经费支出占全社会研发支出比重达14%，遴选20个国际领先的前沿技术重大创新团队。2019年，基础研究经费支出占全社会研发支出比重达13%，重点支持10个国际领先的前沿技术重大创新团队。2020年，基础研究经费支出占全社会研发支出比重达13.5%，重点支持15个国际领先的前沿技术重大创新团队。2021年，基础研究经费支出占全社会研发支出比重达14%，重点支持20个国际领先的前沿技术重大创新团队。

2. 主要任务。

强化基础研究和应用基础研究。健全优化基础与应用基础研究支持体系，针对国际领先的前沿技术重大创新团队给予3～5年连续滚动重点支持，在基础前沿重点科学领域实现一批从“0”到“1”的原始技术创新突破。鼓励穗港澳大学和科研院所互设机构，开放重大科技基础设施，共享大型科研仪器设备，共用科研数据资源。设立粤港澳大湾区（粤穗）开放基金，市财政每年投入6 000万元，支持穗港澳科学家及团队联合实施大科学研究计划。（责任单位：市科技局）

加强关键核心技术攻关。实施重点领域研发计划，围绕新一代信息技术、人工智能、生物医药与健康、新材料、新能源、海洋经济等重点产业领域组织实施重大科技专项，力争突破一批“卡脖子”技术难题。创新项目形成机制，组织骨干企业、大院大所大平台凝练关键核心技术研发项目。优化评审机制和决策机制，突出“大专家”决策咨询和评审作用，对有条件的专项领域推行“总师制”。组织实施重大专项，对单个重大项目给予1 000万元左右支持，对需持续攻关的重大项目给予持续投入、滚动支持。强化部、省、市联动，主动对接国家、省重大科技专项到我市布局并实现成果落地转化。（责任单位：市科技局、发展改革委、工业和信息化局、卫生健康委，各区政府）

（三）科技成果转移转化行动。

1. 工作目标。科技成果转移转化路径更加通畅、平台逐步健全、体系不断优化。至2021年末，技术交易合同成交额突破1 200亿元，全市经过专门培训的专业化技术转移服务人才达600人。2019年，技术交易合同成交额突破850亿元，全市经过专门培训的专业化技术转移服务人才达400人。2020年，技术交易合同成交额突破1 000亿元，全市经过专门培训的专业化技术转移服务人才达500人。2021年，技术交易合同成交额突破1 200亿元，全市经过专门培训的专业化技术转移服务人才达600人。

2. 主要任务。

打通科技成果转移转化路径。实施促进科技成果转移转化行动，共建珠三角国家科技成果转移转化示范区。开展在穗高校、科研机构科技成果转移转化试点，在五山—石牌高教区、环中大、环大学城等区域重点建设科技成果转化基地。支持在穗科研院所发展，加速科研成果在穗转移转化。争取国家和省支持在穗开展科研成果转化创新特别合作区试点，促进港澳及境外科技成果在穗转移转化。（责任单位：市科技局、教育局）

构建专业化国际化成果转移转化平台。加快华南（广州）技术转移中心和广州（国际）科技成果转化天河基地建设。建立科技成果转化信息库，用好中国创新创业成果交易会成果转化服务平台，推动科技成果与企业技术需求有效对接。积极培育和引进高端技术转移转化服务机构，培养一批专业化、职业化的技术经理人队伍。加强技术交易合同登记服务机构建设，拓展技术交易合同登记网络。联合港澳培育一批技术转移服务示范机构，支持清华珠三角研究院、香港科技大学霍英东研究院建设。（责任单位：市科技局、教育局、科协，天河区政府）

（四）创新企业主体培育提升行动。

1. 工作目标。实现企业创新主体数量与质量双提升，实现企业创新能力与核心竞争力双突破，完善孵化育成体系。至2021年末，高新技术企业超过1.2万家，高新技术产品产值占规模以上工业总产值比重达51%；孵化器在孵企业数量达10 000家。2019年，高新技术企业超过1.14万家，高新技术产品产值占规模以上工业总产值比重达49%；孵化器在孵企业数量达9 600家。2020年，高新技术企业超过1.17万家，高新技术产品产值占规模以上工业总产值比重达50%；孵化器在孵企业数量达9 800家。2021年，高新技术企业超过 1.2 万家，高新技术产品产值占规模以上工业总产值比重达 51%；孵化器在孵企业数量达 10 000 家。

2. 主要任务。

培育壮大科技创新企业群体。实施分层分类服务科技创新企业做强做优做大行动，跟踪服务一批高精尖企业，培育一批具有核心竞争力的龙头企业和独角兽企业。实施高新技术企业树标提质行动，推动一批规模以上企业升级为高新技术企业，支持更多高新技术企业壮大为规模以上企业和行业标杆企业，实现高新技术企业数量与质量同步提升。引进聚集国内外高端要素，注重引进平台型创新企业，吸引高科技含量的跨国公司来穗建设总部或研发中心。（责任单位：市科技局、商务局，各区政府）

提升企业自主创新能力。支持企业建设工程技术研究中心、企业重点实验室、技术中心、院士工作站等研发机构。优化国有企业创新投入机制，充分发挥广州国资国企投资基金的引导作用，加大国有企业研发投入和对国有企业科技创新的考核力度。引导和鼓励民营企业提升创新能力，支持企业牵头和参与承担重大科技项目和创新平台建设，加大对科技型民营企业技术创新人才培养力度。积极推动龙头骨干企业自主设立产业创新研究院，支持企业在境外收购、并购高技术企业和研发机构，建立海外研发基地。优化实施企业研发经费投入后补助政策，根据企业上一年度研发经费支出额度分段定额给予不超过 2 000 万元的补助，加大研发费用加计扣除、高新技术企业税收优惠等政策落实力度。（责任单位：市科技局、国资委、税务局、科协，各区政府）

优化完善孵化育成体系。完善“众创空间—孵化器—加速器—科技园区”创业孵化链条，建设“国家双创示范基地”。引导孵化器和众创空间提质增效，对创业项目及初创企业需求提供精准孵化服务，扩大孵化器在孵企业和毕业企业规模。支持粤港澳（国际）青年创新工场、粤港澳高校创新创业联盟、广州科学城粤港澳大湾区青年创新创业基地发展，建设“侨梦苑”等一批粤港澳青年创新创业基地。（责任单位：市科技局、港澳办，增城区、黄埔区政府）

（五）产业技术支撑引领行动。

1. 工作目标。产业技术创新支撑平台建设持续完善，产业技术创新水平显著提升。至2021年末，争创国家级技术创新中心1家、国家级产业创新中心1家、国家级制造业创新中心或分中心1～2家，创建国家级企业技术中心35家。到2019年，创建国家级企业技术中心25家。到2020年，创建国家级企业技术中心30家。到2021年，争创国家级技术创新中心1家、国家级产业创新中心1家、国家级制造业创新中心或分中心1～2家，创建国家级企业技术中心35家。

2. 主要任务。

提升新兴产业发展支撑能力。组织未来产业关键技术攻关，提高产业技术策源能力。组织开展重点产业领域技术预测，完善科技创新决策机制。推进建设广东新一代通信与网络创新研究院、广东省大湾区聚集诱导发光高等研究院、中科院南海生态环境工程创新研究院、广州人工智能与先进计算研究院等一批具有世界领先水平的产业基础研究和前沿技术支撑平台。完善科技创新公共服务平台，加快建成一批国家级、省级技术创新中心、产业创新中心、制造业创新中心，积极推进建设国家印刷及柔性显示创新中心、国家先进高分子材料产业创新中心、再生医学产业创新中心、广州国家现代农业产业科技创新中心。（责任单位：市发展改革委、科技局、工业和信息化局、农业农村局）

加快新技术新产品示范应用。探索建立符合国际规则的创新产品政府首购制度，编制创新产品目录，根据财政部有关政策，加大对首次投放国内市场、具有核心知识产权但暂不具备市场竞争力的重大创新产品采购力度。推动重大创新产品示范应用，为重点领域研发计划等形成的重大创新产品提供应用场景。实施首台（套）装备、首批新材料奖励制度。（责任单位：市财政局、工业和信息化局、发展改革委、科技局）

（六）创新产业格局优化提升行动。

1. 工作目标。创新产业体系框架初步形成，先进制造业、战略性新兴产业、高技术产业成为产业发展新支柱。到2021年末，全市战略性新兴产业增加值达4 500亿元，实施技术改造规模以上工业企业占全市规模以上工业企业比例超过12%，现代服务业占服务业增加值比重达70.5%。2019年，战略性新兴产业增加值3 400亿元，实施技术改造规模以上工业企业，占全市规模以上工业企业比例超过11%，现代服务业占服务业增加值比重达68.5%。2020年，战略性新兴产业增加值达4 000亿元，实施技术改造规模以上工业企业占全市规模以上工业企业比例超过11.5%，现代服务业占服务业增加值比重达69.5%。2021年，战略性新兴产业增加值达4 500亿元，实施技术改造规模以上工业企业占全市规模以上工业企业比例超过12%，现代服务业占服务业增加值比重达70.5%。

2. 主要任务。

培育发展战略性新兴产业。深入实施IAB、NEM产业行动计划，制定未来产业培育计划，做大做强新一代信息技术、人工智能、生物医药、新能源、新材料、数字经济、高端装备制造、绿色低碳、海洋经济等战略性新兴产业，培育做强若干千亿级产业新集群。下好量子通信、航空维修、轨道交通、天然气水合物开采及衍生技术等前沿产业布局的先手棋。加快5G技术研发与商用步伐，加快互联网协议第6版升级改造。加快工业互联网、物联网等新兴基础设施建设。建设国家级可燃冰科研总部基地和国家科技兴海产业示范基地。（责任单位：市发展改革委、工业和信息化局，南沙区政府）

推动传统产业转型升级。推动互联网、大数据、人工智能与制造业深度融合，推动制造业高质量发展。开展新一轮工业企业技术改造行动，支持汽车、电子、电力、石化等传统优势产业转型升级。充分发挥船舶和电子等军工领域传统优势，支持中电科华南电子产业园和工信部电子五所总部加快建设。建设区块链数字经济创新区，推动人工智能、区块链技术与实体经济深度融合。（责任单位：市工业和信息化局、发展改革委，黄埔区、花都区、增城区政府）

加快现代服务业创新发展。加快国际金融城建设，落实促进金融科技创新发展政策，引导银行业、保险业等金融行业应用云计算、大数据、区块链、人工智能等新技术，全面提升金融业科技含量。做大做强信息服务业，实施加快软件和信息技术服务业发展的扶持政策。引导服务业企业充分运用“互联网+”技术，创新服务模式，着力培育产业新增长点。（责任单位：市发展改革委、工业和信息化局、地方金融监管局，天河区政府）

（七）开放创新合作共赢行动。

1. 工作目标。拓展国际科技创新合作，加强与内地城市协同合作，打造高层次双向开放创新新格局。到2021年末，国际高水平高校、科研机构等合作伙伴25家以上，国际科技合作基地60家以上，与港澳共建协同创新平台10个以上。到2019年，国际高水平高校、科研机构等合作伙伴10家，国际科技合作基地50家，与港澳共建协同创新平台5个。到2020年，国际高水平高校、科研机构等合作伙伴20家，国际科技合作基地55家，与港澳共建协同创新平台8个。到2021年，国际高水平高校、科研机构等合作伙伴5家，国际科技合作基地60家，与港澳共建协同创新平台10个。

2. 主要任务。

拓展国际科技创新合作。拓展与重点创新大国、关键创新小国以及“一带一路”沿线国家城市的创新合作。支持国际一流高校、科研机构和公司来穗设立机构。支持高校、科研机构、企业设立海外基金、孵化器和研发机构。积极参与国际大科学计划、大科学工程，提升广州在全球创新网络中的位势。促进跨国技术转移中介机构发展，更好发挥中介机构在引智引技引才方面的作用。（责任单位：市科技局，市委外办，市商务局、市场监管局）

深化与港澳地区交流合作。健全穗港澳科技合作联络协调机制，探索实施促进创新要素跨境流动和区域流通的政策举措。面向港澳开放市科技计划，允许具备一定条件的港澳高校、科研机构牵头或独立申报市科技计划。协同推进市财政科研资金跨境使用机制，允许项目资金直接拨付至港澳两地牵头或参与单位。与港澳企业、高校、医院、科研院所共建协同创新平台，构建完善跨境产学研合作机制。在南沙探索成立粤港澳科技合作特区，打造内地与港澳规则相互衔接的示范基地。（责任单位：市科技局、财政局、港澳办，南沙区政府）

加强与珠三角及内地城市协同合作。主动加强与深圳的科技创新合作，构建更高层次更加紧密的创新合作模式，共同打造科技创新强省核心引擎。依托白云湖数字科技城等创新平台，规划建设广佛科技创新产业示范区，增强广佛强强联合的引领带动作用。通过园区共建、产业转移、协同创新、资源共享等方式，辐射周边并深化与内地城市的协同合作。（责任单位：市科技

局、发展改革委、工业和信息化局，白云区政府）

（八）高水平创新人才集聚行动。

1. 工作目标。拓宽招才引智渠道，优化人才发展环境，加快推进人才制度改革，构筑具有高度竞争力、辐射力、引领力的全球创新人才战略高地。到2021年末，力争引进培养6个国际顶尖战略科学家团队，打造60个青年众创空间，留学归国人员累计9万人。2019年，引进培养2个国际顶尖战略科学家团队，打造20个青年众创空间，留学归国人员累计8万人。2020年，累计引进培养4个国际顶尖战略科学家团队，打造40个青年众创空间，留学归国人员累计8.5万人。2021年，累计引进培养6个国际顶尖战略科学家团队，打造60个青年众创空间，留学归国人员累计9万人。

2. 主要任务。

加快集聚高端创新人才。实施“广聚英才计划”，办好中国海外人才交流大会等重大引智平台，率先实施更优人才永久居留政策，先行先试技术移民制度，发挥“人才绿卡”聚才效应，加快集聚一批高端创新人才。加快推进南沙粤港澳人才合作示范区建设，深化外籍人才永久居留积分试点，建立海外人才离岸创新创业基地。抓紧落实粤港澳大湾区个人所得税优惠政策。健全人才服务保障体系，妥善解决符合条件的高端创新创业人才在居住、落户、医疗、子女教育、保险、融资等方面问题。（责任单位：市委组织部，市科技局、人力资源社会保障局、税务局、住房城乡建设局、公安局、教育局、地方金融监管局，南沙区政府）

优化创新人才结构和布局。优化人才项目支持结构和总体布局，强化对重点领域、重点区域的人才支持，加大对青年科技人才、一线科技人才、企业科技人才的倾斜。建立梯次人才培育架构，抓好青年人才培养，支持有能力的优秀青年人才承担重要任务。依托中国创新创业成果交易会打造“青年创新成果广州交流会”，为海内外青年创新人才在穗发展提供人才、技术、项目、资本“一站式”对接平台。（责任单位：市委组织部，市人力资源社会保障局、科技局，团市委，市科协）

推动人才制度改革。建立多元化创新人才评价机制，组建市高端创新人才举荐委员会。创新职称评定机制，开辟突出贡献人才、高层次留学回国人才职称评定“绿色通道”。健全创新人才激励机制，国有企事业单位引进或聘用优秀博士和博士后，可根据市场标准采用年薪制、协议工资制等。支持高校、科研院所科技人员在科技型企业从事与研究方向一致的兼职，也可在岗对科技成果进行转化，转化所得净收入可按不少于70%的比例奖励给个人（团队）。赋予创新团队和领军人才更大的人财物支配权和技术路线决策权，探索实施顶尖人才“全权负责制”。（责任单位：市委组织部，市科技局、人力资源社会保障局、教育局、国资委）

三、建设科技创新强市主要保障

（一）强化创新政策保障。

进一步深化科技体制改革。转变科技行政部门管理职能，探索建立既符合科技创新规律又适合市场规律的科技管理机制。以激发科研人员的积极性和创造性为核心，以结果为导向，深化“放管服”改革，大幅精简优化科研项目过程管理。研究制定创新绩效评价及考核机制，建立以科技创新质量、贡献、绩效为导向的分类评价体系。（责任单位：市科技局）

完善科技创新政策体系。强化对科技创新的法律保障和政策支持，注重创新政策的稳定性和连续性。推进《广州市科技创新促进条例》修订工作，落实进一步加快促进科技创新的政策措施，认真落实合作共建新型研发机构“负面清单”制度。建立健全职责明确、高效协同的科研诚信管理体系，不断完善相关规章制度。促进科研诚信信息跨部门跨区域共享共用，对严重违背科研诚信和科研伦理要求的行为零容忍，倡导良好学风，弘扬科学家精神，营造良好学术环境。（责任单位：市科技局）

（二）强化科技金融联动保障。

集聚风投创投资本。落实国家创业投资企业和天使投资个人税收优惠政策，加快我市鼓励创业投资促进创新创业发展的若干政策落地。充分发挥市科技成果产业化引导基金作用，带动社会资本投资种子期、初创期科技型中小企业。探索我市国有资本市场化激励机制，研究制定我市政府基金在推动科技金融融合发展、基金“募投管退”等方面的措施。推进风投大厦、新三板大厦、创投小镇、基金小镇、财富小镇等功能区建设。（责任单位：市地方

金融监管局、发展改革委、科技局、国资委，各区政府）

加大科技信贷支持。逐步扩大科技信贷风险补偿资金池规模，提高合作银行和风险损失补偿资金池的风险容忍度。推动建立投贷联动机制，鼓励创业投资类企业与银行进行信息共享。推动银行创新科技信贷产品，为轻资产的科技企业提供低门槛、便捷高效的融资服务。充分发挥科技保险作用，促进企业和研发机构加大研发投入。建立完善知识产权质押融资风险分担及补偿机制。（责任单位：市科技局、地方金融监管局、市场监管局）

积极发展和利用多层次资本市场。鼓励科技创新企业利用境内外主要证券交易所、全国中小企业股份转让系统、广东股权交易中心等多层次资本市场平台募集发展资金，拓宽融资渠道。建立和完善我市企业登陆上交所科创板等多层次资本市场的服务机制。建立支持科技企业重组并购机制，鼓励企业通过重组并购做大做强。深度挖掘我市已有的广州航运交易所、广州碳排放权交易所、广州知识产权交易中心等资本市场平台资源，推动科技金融发展。（责任单位：市地方金融监管局、科技局、工业和信息化局、国资委、市场监管局，各区政府）

（三）强化创新文化生态保障。

加强知识产权保护。拓宽知识产权纠纷解决渠道，建立快速受理、快速处理工作机制，缩短行政案件受理期限。不断创新展会知识产权保护工作模式，成立广州展会知识产权保护机构。构建完善的维权援助体系，建立知识产权举报投诉与维权援助“一站式”服务平台。创新电子商务知识产权监管模式，发挥大数据、人工智能等信息技术作用，培育电商知识产权保护试点企业和知名品牌。（责任单位：市市场监管局、广州知识产权法院、市委宣传部）

大力弘扬创新文化。深入推进大众创业万众创新，进一步培育“敢为人先、敢冒风险、敢争一流、宽容失败”的创新创业文化。举办《财富》全球科技论坛、小蛮腰科技大会、官洲国际生物论坛、中国创新创业大赛广州赛区等高端会议活动，打造广州创新创业品牌活动，以创新创业带动就业，营造有利于创新创业的良好社会氛围。加强科学普及，弘扬科学精神，推进科普基地建设，办好全国科普讲解大赛、广州科技活动周，提升广州科普品牌活动影响力。讲好广州科技创新故事，打造广州创新城市形象品牌与创新名

片。（责任单位：市科技局、黄埔区政府）

（四）强化组织领导保障。

加强党对建设科技创新强市的领导，充分发挥市科技创新工作领导小组的作用，强化组织协调统筹，全面推进行动计划的实施。全市各有关部门、各区政府要紧密协作，形成合力，狠抓落实，明确责任单位和进度安排，大力推动各项任务部署和改革措施落地生根。充分发挥好媒体在科技创新宣传方面的重要载体作用，加强舆论引导，让创新驱动发展理念成为全社会的共识。

参考文献

［1］阿尔弗雷德·D. 钱德勒. 战略与结构：美国工商企业成长的若干篇章［M］. 孟昕，译. 昆明：云南人民出版社，2002.

［2］埃里克·G. 弗拉姆豪茨，伊冯·兰德尔. 企业成长之痛：创业型企业如何走向成熟［M］. 黄震亚，董航，译. 北京：清华大学出版社，2011.

［3］安宝洋. 互联网金融下科技型小微企业的融资创新［J］. 财经学，2014（10）：1－8.

［4］鲍静海，徐明. 科技型小微企业信用风险分担机制研究［J］. 经济问题，2014（10）：25－30.

［5］曹洋，陈士俊. 协同学理论视角下的民营科技企业成长机制研究［J］. 科学学研究，2006（3）：428－431.

［6］曹衷阳，王重润. 科技型小微企业融资困境及对策研究——以河北省调研数据为例［J］. 天津大学学报（社会科学版），2019，21（2）：156－161.

［7］陈红，卫建业. 科技型中小企业：成长特征、影响因素、扶持政策—基于太原高新区科技型中小企业调研的分析［J］. 中北大学学报（社会科学版），2009，25（4）：26－30.

［8］陈景收，谭亦芳. 广州力争2020年全市科技创新企业超20万家［N］. 南方日报，2016－8－22.

［9］陈业华，陈倩倩. 基于结构方程的中小型科技企业成长机制研究［J］. 企业管理，2010，31（4）：156－161.

［10］仇荣国，孔玉生. 基于企业生命周期的科技型小微企业信贷融资机制［J］. 系统工程，2017，35（1）：13－22.

［11］杜丹丽，姜铁成，曾小春. 企业社会资本对科技型小微企业成长的

影响研究——以动态能力作为中介变量［J］. 华东经济管理，2015，29（6）：148－156.

［12］方圆. 基于生命周期理论的科技型小微企业融资路径选择探析［J］. 时代金融，2016（29）：191－192.

［13］高新才，李炎亭. 科技型小微企业发展的生态环境建设与政策支持［J］. 科技进步与对策，2013，30（18）：70－74.

［14］何涛，耿旭静. 去年广州民营经济增加值9100多亿［EB/OL］. 大洋网，https：//news. dayoo. com/guangzhou/201904/05/139995_52530479. htm，2014－04－05.

［15］贺祖斌，王屹主编. 职业教育研究方法［M］. 北京：北京师范大学出版社，2010.

［16］胡丽华. 科技型小微企业融资困境及因应对策探析［J］. 科技风，2015（21）：249－250.

［17］胡巍. 小微企业融资困境的原因分析与对策思考［J］. 河北大学学报，2014，39（5）：128－131.

［18］黄丽君. 河南省科技型小微企业成长的影响因素分析［J］. 现代工业经济和信息化，2016，6（1）：5－7.

［19］黄婷. 广州全方位优化人才发展环境［EB/OL］. https：//epaper. xkb. com. cn/view/1138996，2019－06－05.

［20］霍国庆，刘丽红，杜智涛，李玲娟. 科技型中小企业成长研究现状综述［J］. 科技进步与对策，2011，28（22）：155－160.

［21］拉瑞·格雷纳. 组织成长中的演变和变革［J］. 王肖婧，王丽芳，译. 哈佛商业评论（中文版），1998.

［22］李方毅，郑垂勇. 国外知识产权促进科技型小微企业发展的经验与借鉴［J］. 科学管理研究，2015，33（5）：116－119.

［23］李广义. 人力资源管理［M］. 天津：天津大学出版社，2009.

［24］李名梁，刘婧竹. 科技型小微企业发展环境及政策支持体系研究［J］. 科学管理研究，2014，32（3）：80－84.

［25］李森森. 科技型小微企业成长阶段分析及发展对策［J］. 理论学

刊，2013.

[26] 李森森，刘德胜．企业集群、区域创新网络与科技型小微企业成长[J]．东岳论丛，2014，35（1）：145－151.

[27] 李森森．我国科技型小微企业成长的影响因素分析［D]．山东大学博士论文，2014.

[28] 李森森，张玉明．科技型小微企业成长机制构建研究—基于企业成长理论［J]．山东社会科学，2014（1）：134－138.

[29] 廉勇．科技型小微企业集聚、知识溢出和创新策略选择：新经济地理学和博弈理论解释［J]．北京交通大学学报（社会科学版），2017，16（2）：41－49.

[30] 刘飞．科技型中小企业金融服务研究［M]．北京：经济管理出版社，2014.

[31] 刘君庆，杨柳．科技型小微企业融资创新问题研究［J]．中国高新技术企业，2016（16）：3－4.

[32] 刘莉，王成．科技型中小企业成长环境及其成长性的实证研究——以深圳企业为例［J]．科技管理研究，2009，29（5）：318－322.

[33] 刘云．广州11区创新力分析［EB/OL]．2016.05.06/2020.11.30. https://www.sohu.com/a/73796151_259497.

[34] 陆岷峰．科技小微企业金融创新［J]．观察思考，2014，15：92－93.

[35] 逯宇铎，张艳艳，毛健，于娇．科技型小微企业发展环境及政策支撑体系研究［J]．科技进步与对策，2013，30（18）：66－69.

[36] 吕波，魏国辰．企业成长路径——理论与案例［M]．北京：中国财富出版社，2013.

[37] 罗公利，边伟军，李静．科技创业企业成长影响因素研究——基于山东省调查数据的分析［J]．科技进步与对策，2012，29（23）：94－99.

[38] 罗怀凤，郑循刚．科技型小微企业研发外包机制研究［J]．科学管理研究，2014，32（2）：63－66.

[39] 马歇尔．经济学原理（上卷）［M]．北京：商务印书馆，1965.

[40] 苗秀杰，戚静静．基于自身角度对科技型小微企业融资难的处理策

略［J］. 改革与开放，2015（14）：27-28.

［41］潘峰，曾小丰. 科技型中小企业成长的生态模型构建［J］. 科技进步与对策，2005（8）：127-128.

［42］庞巴维克. 资本与利息［M］. 北京：商务印书馆，2010.

［43］彭罗斯. 企业成长理论［M］. 上海：上海人民出版社，2007.

［44］普拉哈拉德，哈默尔. 公司核心竞争力［J］. 哈佛商业评论，1990.

［45］饶静，李莹，黄熹. 风险投资对科技型企业技术创新绩效影响的实证研究［J］. 全国流通经济，2017（27）：14-16.

［46］人民日报评论员. 增强创新这个引领发展的第一动力——论学习贯彻习近平总书记在科学家座谈会上重要讲话［EB/OL］. 人民网，http：//theory.people.com.cn/n1/2020/0913/c40531-31859180.html，2020-09-13.

［47］盛世豪. 产业集群促进科技型中小企业成长的机制研究［J］. 创新管理，2004（8）：68-72.

［48］盛世豪，王立军. 基于产业集群的科技型中小企业成长机制研究［J］. 科技进步与对策，2004（12）：4-7.

［49］施炜，苗兆兆. 企业成长导航［M］. 北京：中国人民大学出版社，2019.

［50］施振荣. 微笑曲线［M］. 上海：复旦大学出版社，2014.

［51］宋英华，庄越，张乃平. 创新型企业成长的内部影响因素实证研究［J］. 科学学研究，2011，29（8）：1274-1280.

［52］提斯，皮萨罗，肖恩. 动态能力与战略管理［J］. 战略管理，1997：509-533.

［53］汪秀琼. 广东省科技型小微企业金融支持政策体系建设路径——基于路线图方法［J］. 科技管理研究，2016，36（10）：13-18.

［54］王有志，梅伟，洪青. 国外促进中小企业自主创新措施经验及对江苏的启示［J］. 科技管理研究，2011，31（7）：70-74.

［55］魏丹，李晓琳. 科技型小微企业金融支持研究［J］. 中国科技纵横，2016，10：238.

[56] 邬爱其. 企业成长机制理论研究综述 [J]. 科研管理, 2007 (2): 53 - 58.

[57] 吴宁, 马志强, 朱永跃, 赵广凤. 我国科技型小微企业合作研发现状实证研究 [J]. 科技进步与对策, 2018 (19): 82 - 87.

[58] 吴田. 促进科技型中小企业的国际政策比较研究 [J]. 湖南第二师范学院学报, 2015, 32 (7): 36 - 39.

[59] 奚洁人. 科学发展观百科辞典 [M]. 上海: 上海辞书出版社, 2007.

[60] 肖诗媚, 郭思圻. 广东省科技型小微企业融资困境及对策 [J]. 金融经济, 2016 (14): 5 - 8.

[61] 徐飞, 宋波. 企业发展理论与成长机理 [M]. 四川: 西南交通大学出版社, 2014.

[62] 徐希燕, 等. 科技型小微企业政策研究 [M]. 北京: 中国社会科学出版社, 2014.

[63] 许爱萍. 我国科技型小微企业融资对策研究 [J]. 未来与发展, 2015, 39 (1): 103 - 107.

[64] 亚当·斯密. 国民财富的性质和原因的研究 (上卷) [M]. 郭大力, 等译. 北京: 商务印书馆, 1997.

[65] 晏绪飞, 陈鑫. 科技型小微企业发展困境与对策研究 [J]. 科技进步与对策, 2013, 30 (18): 116 - 119.

[66] 杨杜. 成长的逻辑 [M]. 北京: 经济管理出版社, 2014.

[67] 杨杜. 企业成长论 [M]. 北京: 中国人民大学出版社, 1996.

[68] 杨汉明. 政策支持对科技型小微企业成长的影响 [J]. 企业管理, 2016 (13): 181 - 184.

[69] 杨茜. 解决科技型小微企业金融支撑困境——知识产权质押融资模式创新 [J]. 现代经济信息, 2014 (2): 227 - 228.

[70] 伊查克·爱迪思. 企业生命周期 [M]. 赵睿, 等译. 北京: 中国社会科学出版社, 1997.

[71] 张弛, 臧晶莹, 徐佳慧. 国外促进小微企业创新发展的经验与启示

[J]. 党政干部学刊，2015（12）：68－71.

[72] 张欢. 我国科技型小微企业成长环境评价分析 [D]. 陕西科技大学，2015.

[73] 张会彪. 国外支持小微企业的财政金融政策措施及对我国的借鉴启示 [J]. 黑龙江金融，2012（10）：37－39.

[74] 张菊朋. 小微企业融资的实际态势与中长期境况 [J]. 企业发展，2013（9）：119－124.

[75] 张鲁秀，王鹏，刘德胜. 科技型中小企业成长因素模型及实证研究 [J]. 科技管理研究，2016，36（1）：95－102.

[76] 张玉明，段升森. 仿生学视角的中小型科技企业成长机制模型构建 [J]. 重庆大学学报（社会科学版），2010，16（4）：50－54.

[77] 张玉明. 中小型科技企业成长机制 [M]. 北京：经济科学出版社，2011.

[78] 赵玲，李建林. 科技型小微企业多维金融支持体系的完善——基于成长生命周期演进的视角 [J]. 南华大学学报（社会科学版），2012，13（6）：52－57.

[79] 郑春美，许玲玲，胡肖夫. 国外促进科技型小微企业发展措施及对中国的启示 [J]. 科技进步与对策，2013，30（18）：83－87.

[80] 朱伶俐. 破解科技型小微企业融资瓶颈策略探讨——以合肥市高新区科技型小微企业为例 [J]. 当代经济，2017（35）：68－70.

[81] 朱伟民，万迪昉，王赟. 科技型小企业创新成长模式研究 [J]. 中国软科学，2001（3）：6.

[82] 朱新蓉，李虹含，杨英杰. 通货膨胀背景下科技型小微企业融资策略新思考——美国和日本的经验借鉴 [J]. 科技进步与对策，2013，30（13）：96－101.

[83] Vanacker T., Manigart S., Meuleman M., et al.. A Longitudinal Study on the Relationship between Financial boot Strapping and New Venture Growth [J]. Entrepreneurship & Regional Development, 2011.

后 记

广州市科技型小微企业是个充满活力的群体，企业多数处于初创期和成长期，政府应给予其更多的扶持和引导，使之茁壮成长。根据书中的分析可以看出，广州市科技型小微企业具有特殊的成长模式，也普遍存在着科技创新投入不足、承担风险能力有限、产学研合作效果不佳、创新人才缺乏、社会化服务体系不够健全、融资结构不尽合理和政策体系不够系统等成长困境，能否实现持续快速成长，取决于多种因素的共同作用，这不仅有来自企业内部因素的作用，还受到外部环境因素的影响。本书提出应完善广州市科技型小微企业的内部成长机制及企业间的集群协同发展机制，同时实施由政府主导、金融机构和社会组织参与组建的各种服务体系，优化外部环境，促进广州市科技型小微企业改善内部境况，内外互动，从而促进广州市科技型小微企业稳定有序地发展；主张在扶持广州市科技型小微企业的成长问题上，应坚持多管齐下，政府和中介服务机构齐参与，形成强有力的外部推动力，从而激发广州市科技型小微企业的科技创新活力。本书还存在一定的不足，需要在今后的研究中不断完善。如书中的样本数据在条件具备的情况下，应尽可能扩大样本的覆盖范围，以便更好地为政府部门、金融机构、中介服务机构和投资机构等进行决策提供依据，特别是为广州市科技型小微企业的发展提供借鉴；后续将重点结合广州市科技型小微企业的特性和成长规律研究广州市科技型小微企业主要的成长影响要素；对于内生成长机制要素的研究，后续将着重考虑管理效率、制度、产权等因素的影响，这些也是科技型小微企业发展过程中需要关注的重点问题；书中对于科技型小微企业的研究对比了国外各国家对科技型小微企业的政策支持，但是没有对比国内其他省份对科技型小微企业的政策支持，后续将会继续开展这方面的研究；在影响科技型小微企业成长的要素中，新兴技术的发展对科技型小微企业成长有十分重要的促进作用，但由于数据不好获取，对这方面的研究还没涉及，在后续研究中，将深度剖析新兴技术对科技型小微企业成长的影响。

陈　芸

2020 年 10 月